UBUNTU
TODOS OS DIAS

Para a pessoa que mais admiro —
Mãe, você é um presente para o mundo e para mim.

MUNGI NGOMANE

UBUNTU
TODOS OS DIAS

EU SOU PORQUE NÓS SOMOS

Tradução
Sandra Martha Dolinsky

1ª edição

BestSeller

Rio de Janeiro | 2022

TÍTULO ORIGINAL
Everyday Ubuntu: Living Better Together,
The African Way

TRADUÇÃO
Sandra Martha Dolinsky

ILUSTRAÇÕES
Hanlie Burger

COPIDESQUE
Júlia Ribeiro

REVISÃO
Eliel Morais

CIP-BRASIL. CATALOGAÇÃO NA PUBLICAÇÃO
SINDICATO NACIONAL DOS EDITORES DE LIVROS, RJ

N479u   Ngomane, Mungi
       Ubuntu todos os dias : eu sou porque nós somos / Mungi Ngomane ;
       tradução Sandra Martha Dolinsky. – 1. ed. – Rio de Janeiro : BestSeller, 2022.

       Tradução de: Everyday ubuntu: living better together, the african way.
       ISBN 978-65-5712-219-8

       1. Ubuntu (Filosofia). 2. Relações interpessoais. I. Dolinsky, Sandra
       Martha. II. Título.

22-79106   CDD: 199.6
                  CDU: 130.2(680)

Gabriela Faray Ferreira Lopes - Bibliotecária - CRB-7/6643

Texto revisado segundo o novo Acordo Ortográfico da Língua Portuguesa.

Direitos exclusivos de publicação em língua portuguesa para o Brasil adquiridos pela
Editora BestSeller Ltda.
Rua Argentina, 171, parte, São Cristóvão
Rio de Janeiro, RJ — 20921-380
que se reserva a propriedade literária desta tradução.

Impresso no Brasil

ISBN 978-65-5712-219-8

Seja um leitor preferencial Record.
Cadastre-se no site www.record.com.br e receba informações
sobre nossos lançamentos e nossas promoções.

Atendimento e venda direta ao leitor:
sac@record.com.br

Este livro foi composto na tipografia
Avenir LT Std, em corpo 9,5/14, e impresso
em papel off-white no Sistema Cameron da
Divisão Gráfica da Distribuidora Record.

SUMÁRIO

PREFÁCIO

Tenho certeza de que a maioria dos pais pode confirmar que sente orgulho ao ouvir ou ver seus filhos transmitirem algo que aprenderam com eles. Nós nos lembramos de como essa mesma criança reagiu inicialmente quando lhe ensinamos a lição em questão ou lhe mostramos que seu comportamento não era motivo de orgulho — e que ela sabia disso. Nós nos lembramos do beicinho, da raiva por ser corrigida ou incentivada a fazer e ser melhor.

"Mas ele falou primeiro" ou "Mas ela pegou meu brinquedo primeiro!" são manifestações de defesa e justificativa. Entretanto, lá está a sua filha ou o seu filho repassando a mesma lição para o seu neto ou sua neta, mostrando que o que você disse há muitos anos — seu ensinamento — não foi ignorado nem esquecido; que suas palavras foram internalizadas e continuam a servir de guia. Que, agora, a sabedoria está sendo transmitida para a próxima geração.

Sentimos orgulho, e algum alívio, ao ver que a sabedoria que também recebemos daqueles que vieram antes de nós está sendo difundida. Talvez isso seja tudo o que podemos esperar: que uma geração garanta que a próxima saiba como viver enquanto seres humanos, cuidando uns dos outros e respeitando a humanidade de cada um. Então, tenho certeza de que aqueles que são pais e avós podem entender minha alegria ao ser convidado a escrever o prefácio do livro de minha neta, Mungi, sobre um princípio que foi crucial nos ensinamentos que passei para meus filhos e para a nossa comunidade em geral.

Ubuntu é um conceito que, em minha comunidade, é um dos aspectos mais fundamentais para se levar uma vida com coragem, empatia e conexão. Um conceito que conheço desde sempre. Desde muito novo, entendi que ser conhecido por possuir *ubuntu* era um dos maiores elogios que alguém poderia receber. Nós éramos incentivados, quase diariamente, a demonstrá-lo em nossas relações com familiares, amigos e desconhecidos, na mesma proporção. Eu sempre afirmei que o conceito e a prática do *ubuntu* são um dos maiores presentes da África para o mundo. Um presente que, infelizmente, poucas pessoas conhecem. A lição do *ubuntu* pode ser mais bem descrita por um provérbio encontrado em quase todas as línguas africanas, cuja tradução é: "Uma pessoa só é uma pessoa por meio de outras pessoas." O significado fundamental desse provérbio é que tudo o que aprendemos e experimentamos no mundo acontece por meio de nossos relacionamentos com outras pessoas. Somos, portanto, convidados a refletir sobre nossas ações e pensamentos, não apenas pelo que nos proporcionarão, mas pelo impacto que terão sobre os outros com quem nos relacionamos.

Para simplificar, o ensinamento desse provérbio e do *ubuntu* é semelhante à regra de ouro encontrada na maioria dos textos sagrados: "Faça aos outros o que gostaria que fizessem a você!" Mas quem tem *ubuntu* está a um passo além disso. Não devemos ter atenção apenas em relação às nossas ações, mas também à nossa forma de existir no mundo. O modo como vivemos, falamos e caminhamos diz tanto sobre nosso caráter como sobre nossas ações. Quem tem *ubuntu* tem o cuidado de andar pelo mundo como alguém que reconhece o valor infinito de todos com quem se relaciona. Portanto, não é simplesmente uma maneira de se comportar; é, de fato, uma maneira de ser!

Ubuntu todos os dias oferece ao leitor a oportunidade de refletir sobre como a prática do *ubuntu* pode nos ajudar a ser alguém que constrói pontes no mundo, e que vê cada interação como uma chance de promover um ambiente mais positivo. Todos nós podemos nos identificar, de uma forma ou de outra, com as histórias que Mungi compartilha. Elas contam sobre as possibilidades e os desafios diários que nos são dados para vivermos em um mundo com *ubuntu*. Em um dia qualquer, cada um de nós recebe muitas oportunidades de ser a pessoa que, por meio de palavras, ações, ou até mesmo do silêncio e da inação, oferece espaço àqueles que encontra, para que possam experimentar o cuidado e o convívio.

Sinto-me orgulhoso e feliz por poder incentivar você a ler um livro que introduz uma filosofia que significou tanto para mim, e escrito pela minha neta. Acredito que esta obra abrirá seus olhos, sua mente e seu coração para um modo de existir capaz de transformar o mundo em um lugar melhor e mais amoroso.

Que as mais ricas bênçãos de Deus recaiam sobre você.

Arcebispo Desmond Tutu
Cidade do Cabo, África do Sul
Maio de 2019

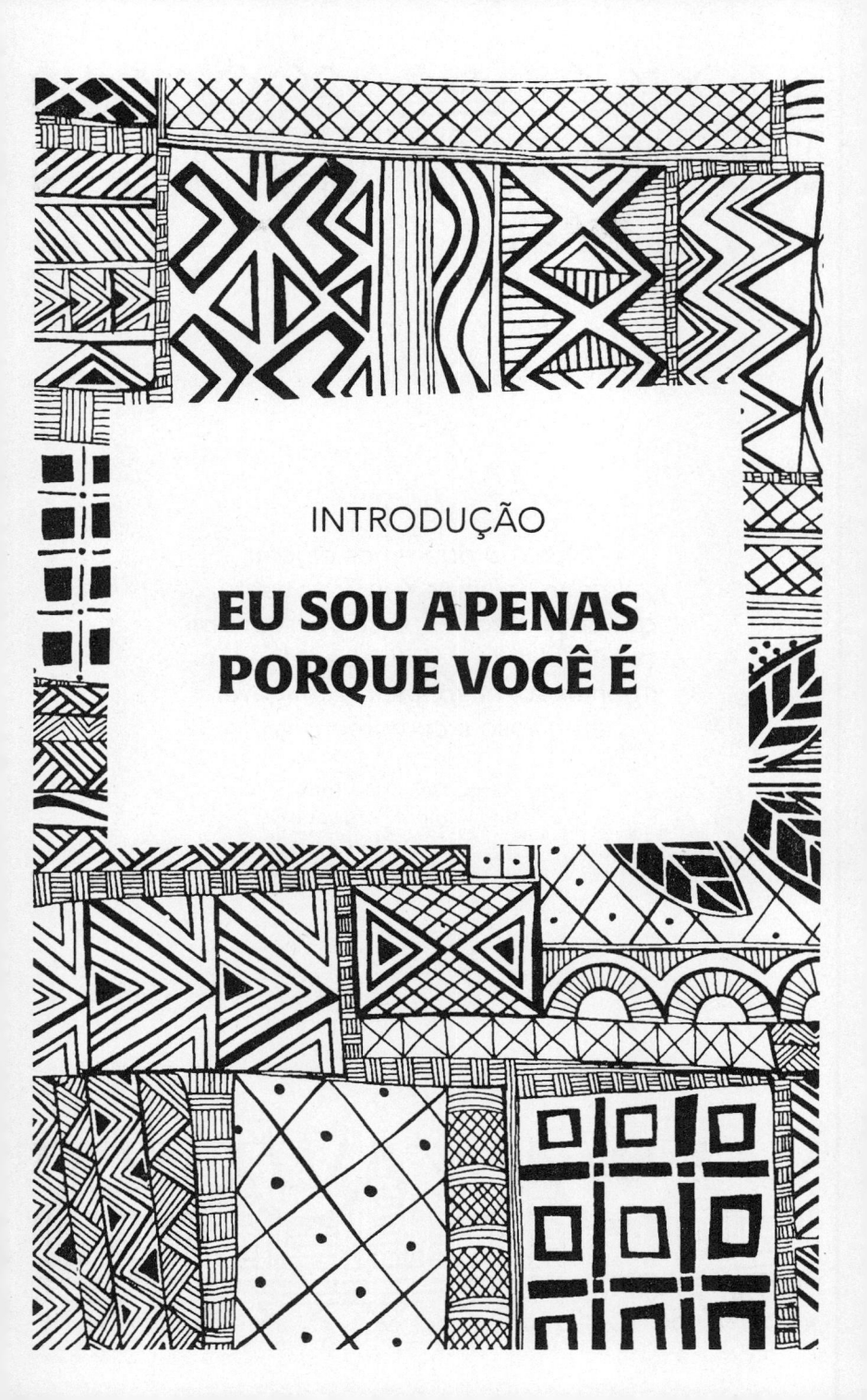

INTRODUÇÃO

EU SOU APENAS PORQUE VOCÊ É

"Quando queremos elogiar alguém, falamos Yhu, u nobuntu, que quer dizer 'Ei, essa pessoa tem ubuntu'. Isso significa ser alguém generoso, hospitaleiro, amigável, atencioso e compreensivo."

Arcebispo Desmond Tutu,
No Future Without Forgiveness

Ubuntu é um modo de vida com o qual todos podemos aprender. E é uma das minhas palavras favoritas. De fato, meus sentimentos pelo *ubuntu* são tão profundos que tatuei a palavra na parte interna do meu pulso direito. Para mim, é uma palavra pequena, mas que consegue encapsular uma grande ideia. Originária de uma filosofia sul-africana, ela abrange todas as nossas aspirações sobre como viver bem, em união. Sentimos *ubuntu* quando nos conectamos a outras pessoas e compartilhamos certo senso de benevolência; quando ouvimos com atenção e experimentamos um vínculo emocional; quando tratamos a nós mesmos e aos outros com a dignidade merecida.

Ele existe quando as pessoas se unem em prol de um bem comum, e no mundo caótico e confuso de hoje, seus valores são mais importantes do que nunca, porque dizem que, se nos unirmos, poderemos superar nossas diferenças e problemas. Seja quem for, onde quer que viva, seja qual for a nossa cultura, o *ubuntu* pode nos ajudar a coexistir em harmonia e paz.

Fui criada em uma comunidade cujo *ubuntu* foi uma de minhas primeiras lições. Meu avô, o arcebispo Desmond Tutu, explicava a essência do *ubuntu* como: "Minha humanidade está vinculada e inextricavelmente ligada à sua."

Na minha família, fomos criados para entender que uma pessoa com *ubuntu* é alguém cuja vida vale a pena se espelhar. O alicerce dessa filosofia é o respeito por si e pelos outros. Portanto, se você for capaz de enxergar as outras pessoas, até mesmo as desconhecidas, como inteiramente humanas, não poderá tratá-las como descartáveis ou sem valor.

A vida nas sociedades complexas em que vivemos está cheia de provações e adversidades, e há muitos livros de autoajuda tentando nos guiar por ela. Nos dizem para meditar e refletir; para procurar as respostas dentro de nós mesmos e que esse é o único lugar onde as encontraremos. A própria noção de autocuidado se tornou um verdadeiro movimento.

Sem dúvida, existe tempo e lugar corretos para olhar para si. No entanto, o *ubuntu* nos ensina também a procurar *fora* de nós mesmos para encontrar respostas. Trata-se de ter uma visão mais ampla; de ver o outro lado da história. *Ubuntu* diz respeito a estender a mão aos nossos semelhantes, e, assim, encontrar o conforto, a satisfação e a sensação de pertencimento que desejamos. *Ubuntu* nos diz que os indivíduos não são nada sem outros seres humanos. Ele abrange todos, independentemente de raça, etnia ou credo. Ele abraça nossas diferenças e as celebra.

O conceito de *ubuntu* é encontrado em quase todos os idiomas bantos africanos. Ele compartilha suas raízes com a palavra *bantu* — que significa "pessoas" — e quase sempre denota a importância da comunidade e da conexão. A ideia de *ubuntu* é melhor representada nos idiomas xhosa e zulu pelo provérbio *umuntu, ngumuntu, ngabantu*, que significa "uma pessoa só é uma pessoa por meio de outras pessoas". Este provérbio existe em todos os idiomas africanos da África do Sul. A palavra *ubuntu*, ou as palavras relacionadas, são encontradas em muitos outros países e culturas do continente.

Em Ruanda e Burundi, significa "generosidade humana".

Em algumas partes do Quênia, *utu* é um conceito, e significa que toda ação deve ser realizada para o benefício da comunidade.

Em Malawi, a palavra é *uMunthu*, uma ideia de que sozinha uma pessoa não é melhor que um animal selvagem, mas duas ou mais pessoas formam uma comunidade.

A concepção de que "eu sou apenas porque você é" está em todas as partes. Meu avô cunhou o termo "Nação Arco-Íris" para se referir à África do Sul após as primeiras eleições democráticas do país, em 1994, para simbolizar a unidade de suas culturas após o colapso do apartheid. Neste livro, você encontrará 14 lições construídas de acordo com o *ubuntu* — o mesmo número de capítulos que existe na constituição da Nação Arco-Íris.

Ubuntu é o princípio fundador do trabalho de vida de meu avô e, como patronesse da Tutu Foundation UK, também aspiro a viver meu dia a dia segundo seus ensinamentos. Ao apresentar essa filosofia para você, desejo que ela melhore sua experiência de vida tanto quanto a minha. Espero que ela o incentive a estender a mão às pessoas ao seu redor — tanto amigos como desconhecidos —, que fazem de você quem é.

LIÇÃO 1

VEJA-SE NOS OUTROS

"Sawubona!"

Saudação sul-africana
que significa "Eu vejo você!"

Se formos capazes de nos enxergar em outras pessoas, nossa experiência no mundo será inevitavelmente mais rica, mais gentil e mais unida. Se olharmos para os outros e nos vermos refletidos neles, inevitavelmente os trataremos melhor.

Isso é *ubuntu*.

Mas *ubuntu* não deve ser confundido com gentileza. Gentileza é algo que podemos tentar demonstrar de um modo melhor, mas *ubuntu* é algo muito mais profundo. Ele reconhece o valor interno de cada ser humano, a começar pelo seu.

O *ubuntu* conduziu a luta contra o apartheid, um sistema rígido e institucionalizado de segregação racial na África do Sul, em que, até 1994, negros e brancos eram forçados a viver completamente separados. O movimento antiapartheid nunca foi uma luta "antibranco", mas uma luta por *todos* os sul-africanos, para que fossem vistos e tratados de forma igualitária. Se você for capaz de enfrentar as adversidades e a opressão, se apegar ao *ubuntu* e vivê-lo no seu dia a dia, experimentará a melhor maneira de superar a desunião. É o presente da África do Sul para o mundo.

Sou grata por ter sido criada ao redor de muitas pessoas sábias. Minha mãe, Nontombi Naomi Tutu, é ativista pela paz, feminista, oradora e, recentemente, tornou-se sacerdote ordenada. Meus avós foram vanguardistas do movimento antiapartheid, e meu avô ganhou o prêmio Nobel da Paz, em 1984, por sua luta não violenta contra o sistema. Absorver as palavras, experiências, risos e crenças da minha família me ajudou na jornada da minha vida. Grande parte do modo como vivem simboliza o espírito do *ubuntu*, com o serviço ao outro sendo visto como uma prioridade.

COMPARTILHE A VIAGEM

A luta antiapartheid na África do Sul foi uma resposta à coloni- zação e à opressão de negros, não brancos e asiáticos sul-africa- nos. Milhares de pessoas perderam a vida, a violência destruiu o país, e foram necessários muitos anos para se recuperar. Isso acabou em 1994 com as primeiras eleições democráticas do país, mas ainda hoje a África do Sul luta para superar o impacto do apartheid.

Em dezembro de 1984, meu avô foi para a Noruega receber o prêmio Nobel. Como sacerdote, seu compromisso era encontrar justiça por meio da não violência e, ao mesmo tempo, mostrar ao mundo a dor e a desigualdade geradas pelo apartheid. Ele queria que todos soubessem o que o apartheid causou em todos os sul-africanos.

O comitê do Nobel disse aos ganhadores do prêmio que eles poderiam convidar quantas pessoas quisessem para a ceri- mônia, que ocorreria na Universidade de Oslo, e meu avô levou essa sugestão a sério. Ele estendeu o convite aos seus familia- res mais próximos e aos seus parentes mais distantes, e a mui- tos outros convidados, até ter pelo menos cinquenta pessoas em sua lista. Seus amigos vinham do mundo todo — África do Sul, Estados Unidos, Lesoto e Reino Unido. Eram pessoas que meu avô conhecera ao longo da vida e com quem compartilha- ra sua jornada.

Naquela noite, houve uma ameaça de bomba, e o salão da universidade teve que ser evacuado. Quando já era seguro retor- nar ao edifício, meu avô subiu ao palco para receber seu prêmio. Ele parou para olhar a multidão. Então foi tomado por uma onda de profunda reflexão. A indicação havia acontecido *por conta de todas aquelas outras pessoas presentes*. Aquele momento cris- talizou seu entendimento de que tudo que ele havia conseguido na vida era resultado dos outros e da ajuda deles.

Depois, chegou a hora de comemorar; mas, apesar de todos — incluindo o rei da Noruega — terem voltado para o salão, os músicos já haviam ido embora. Então, os convidados sul-africanos de meu avô se ofereceram para cantar e, mais uma vez, tornaram sua presença ainda mais apreciada.

Ubuntu nos diz que *apenas* somos quem somos graças às outras pessoas. É óbvio que temos que dar o crédito a nossos pais e nossas mães por nos trazer ao mundo. Mas, além disso, existem centenas, se não milhares, de relacionamentos, grandes e pequenos, ao longo do caminho, que nos ensinam algo sobre a vida e como vivê-la bem. Nossos pais, nossas mães ou nossos responsáveis nos ensinam a andar e a falar. Nossos professores nos ensinam a ler e a escrever. Um mentor pode nos ajudar a encontrar um emprego satisfatório. Um companheiro amoroso pode nos trazer lições emocionais, boas e ruins. Nós aprendemos com todas as experiências. Cada interação nos trouxe até onde estamos hoje.

No entanto, no Ocidente também nos ensinam que é algo digno de mérito afirmar ser alguém autossuficiente. Aplaudimos aqueles que julgamos ter alcançado fama e fortuna por meio dos próprios esforços, felizes ao ignorar o fato de que nada pode ser alcançado no vácuo. Também aprendemos que a competição leva à autorrealização e ao progresso, mesmo que o confronto com os outros leve a comparações inúteis e provoque uma sensação esmagadora de insuficiência.

Quantas vezes você comparou sua vida com a de outra pessoa e se sentiu *pior*? Quantas vezes desejou mais, mesmo que já tivesse o bastante? Uma casa maior. Mais dinheiro. Mais trabalho. Mais tempo livre.

O crescimento das redes sociais tem desempenhado um papel importante em alimentar as chamas do nosso descontentamento. Sempre que acessamos o Facebook ou o Instagram, olhamos através de janelas cuidadosamente selecionadas, abertas às vidas das pessoas. As fotos são frequentemente editadas e redimensionadas para parecer o mais atraente possível. Famílias felizes e sorridentes em ambientes imaculados, celebrações, o anúncio de um novo emprego, uma nova cozinha, um novo relacionamento.

Por mais maravilhoso que seja comemorar as coisas boas da vida de nossos amigos, muitos de nós também seguem centenas, às vezes milhares, de estranhos que parecem viver uma vida mais rica, mais divertida e mais deslumbrante que a nossa. São pessoas que não conhecemos pessoalmente, mas que exercem influência sobre o que desejamos comprar, sobre como nos sentimos e sobre nossas ambições. A mensagem subliminar é que um "influenciador" é alguém melhor que as pessoas comuns.

Ubuntu nos ensina o oposto, e diz que absolutamente todos neste mundo têm o mesmo valor, porque nossa humanidade é o mais importante. Em vez de nos comparar aos outros, devemos valorizar suas contribuições no nosso dia a dia. Entretanto, alguns influenciadores podem, sim, ter um efeito positivo sobre nós. Eu não uso mais as redes sociais e tenho pouco acesso a essas pessoas, mas aqueles a quem tenho acesso — por meio de podcasts — priorizam fornecer ao público um bom conteúdo, em vez de apenas monetizá-lo. Eles compartilham mensagens, entrevistas e conselhos sobre diversos tópicos, incluindo saúde mental, bem-estar, relacionamentos e carreira.

Pense em quem o transformou na pessoa que você é hoje. Pare por um momento e pense em todas as pessoas que o ajudam em sua vida. Seus familiares e amigos estarão na lista, mas tente ampliar o círculo. Talvez haja mais pessoas em sua lista do que jamais imaginou. O mecânico que conserta seu carro para que você possa passar um fim de semana fora. O barista que deixa passar quando lhe faltam alguns centavos para pagar seu café matutino. A pessoa que o deixa sair do trem primeiro, porque você nitidamente está com pressa. Todas essas interações que parecem pouco importantes ajudam você a transitar mais suavemente pela vida. As ações dessas pessoas podem fazer a diferença em seu dia, assim como você pode fazer a diferença para outras.

Pense nas pessoas que você ajuda. Faça outra lista. O amigo que pede seus conselhos. O colega que você ajuda com uma tarefa no trabalho. A criança que você nutre cozinhando e cuidando todos os dias. A pessoa amada que precisa de um ombro para chorar.

Perceba como a vida é feita de dar e receber. Você gosta mais de dar ou de receber? O que você fez por alguém que o fez sentir-se bem consigo? E o que você pode fazer hoje ou amanhã?

VOCÊ É SUFICIENTE

Com os olhos transbordando de *ubuntu*, vemos o mundo através de um prisma não apenas de igualdade, mas também de gratidão. Desejamos não ser indevidamente influenciados pelos outros quando formamos nossos pensamentos e sentimentos, mas também agradecemos a todos que nos ajudaram a nos tornar quem somos. Os pais que nos dão espaço e liberdade para experimentar a vida, os professores e mentores que oferecem sua sabedoria para nossa jornada, os amigos que nos incentivam ou os familiares que talvez tenham emprestado dinheiro para nós. Somos gratos pelo lugar em que estamos, aqui e agora, porque o *ubuntu* nos ensina que somos *suficientes*. Não precisamos comparar nossa vivência com a de outros indivíduos e com o que eles podem, ou não, ter. Em vez disso, podemos ser gratos pelas contribuições de outras pessoas em nossa vida.

Vivendo com *ubuntu*, podemos escolher enxergar os outros como iguais, vendo-os da maneira como gostaríamos que fôssemos vistos. Com muita frequência, observamos apenas o papel que as pessoas desempenham no mundo e pensamos nelas como nada além disso. O *ubuntu* nos diz que não somos melhores nem piores que qualquer outra pessoa. Todos merecem ser tratados com humanidade.

Podemos olhar nos olhos de alguém pedindo esmola na rua e sentir compaixão em vez de julgar. Podemos agradecer à pessoa que limpa os banheiros em vez de menosprezá-la pelo serviço que presta.

O ubuntu refuta o pensamento de que uma pessoa pode ser autossuficiente, porque todos estamos interconectados. Não devemos nos deixar enganar pelo mito do indivíduo autossuficiente, porque ninguém existe em total isolamento. Nas palavras do poeta John Donne: "Nenhum homem é uma ilha."

A antítese do *ubuntu* é a crença de que a ganância, o egoísmo e o individualismo feroz nos fornecerão tudo de que precisamos para avançar na vida. Com frequência, ouvimos que é preciso passar por cima dos outros para atingir nossos objetivos. O local de trabalho, em particular, pode ser implacável, e a noção darwiniana da sobrevivência do mais forte ainda é a regra de ouro para muitas pessoas.

Sempre ouvi meus familiares mais velhos dizerem que quem faz mal aos outros pode achar que não sofre consequências negativas diretas por suas ações. Entretanto, se analisarmos mais profundamente, o dano ao malfeitor é evidente.

No regime do apartheid, por exemplo, a segregação dava aos brancos sul-africanos uma vida privilegiada à primeira vista. Eles viviam em áreas separadas, em comunidades com boa infraestrutura. Tinham acesso à educação e assistência médica melhores que a de seus conterrâneos negros. No entanto, esses privilégios tinham um alto custo para sua liberdade. Eles tiveram que renunciar a muitos direitos em prol do privilégio do poder quando aprenderam a viver com medo dos negros. Construíram muros altos ao redor de suas casas e se trancafiaram em condomínios fechados, com medo de sair. Tornaram-se prisioneiros pelas circunstâncias que eles mesmos criaram.

PERGUNTE-SE: COMO VOCÊ PODE SE VER NOS OUTROS?

Talvez seja complicado fazer uma tradução direta e concisa da palavra *ubuntu*. Mas Nelson Mandela explicou sua essência em uma entrevista na TV ao jornalista sul-africano Tim Modise, em 2006.[1] De forma simplificada, Mandela descreveu o que *ubuntu* significava para ele.

Todos nós queremos nos sentir parte de algo. É da natureza humana formar grupos (amigos, entes queridos, colegas de trabalho, colegas de academia...), porém, mais do que nunca, também precisamos aprender a viver e a trabalhar em conjunto com todos, inclusive com desconhecidos. Estender a mão para além de nós pode nos dar o que precisamos para nos sentir realizados. Ver nossos parceiros e parceiras como aliados (do latim *alligare*, que significa "vincular-se a") é bom para todos nós. Ver-se nos outros é uma força poderosa para fazer o bem.

"Antigamente, quando éramos jovens, se um viajante que atravessava uma região parava em um vilarejo, não precisava pedir comida ou água; quando ele parava, as pessoas lhe davam comida e o entretinham.

Esse é um dos aspectos do *ubuntu*, mas existem vários. *Ubuntu* não significa que as pessoas não devem olhar para si mesmas. A questão, portanto, é: o que você fará para dar oportunidades à comunidade ao seu redor e permitir que ela melhore? Essas são as coisas importantes da vida. E se você conseguir fazer isso terá feito algo muito importante."

Nelson Mandela

Conecte-se conscientemente com estranhos. Todos nós podemos nos sentir distraídos, muito preocupados e sem tempo suficiente para fazer tudo o que queremos ou sentimos que precisamos fazer. Talvez pensemos que não há necessidade de genuinamente agradecer ao dono da loja que acabou de nos atender, ou talvez fiquemos olhando para o nosso celular enquanto o fiscal do trem verifica nossa passagem. Podemos não perceber quando alguém segura uma porta para nós ou sai do caminho para nos deixar passar. Tente olhar nos olhos de todos em seu caminho. Conecte-se com eles. Sorria. Agradeça com entusiasmo. Observe como isso faz você se sentir e como as interações que tem com os outros mudam para melhor.

Observe seus julgamentos, sinta-os e tranquilamente os deixe partir. Todos nós fazemos julgamentos, consciente ou inconscientemente, o tempo inteiro. Talvez você se pegue olhando para uma pessoa em situação de rua e se pergunte se ele gastará o dinheiro que você lhe deu com drogas. Talvez ouça uma criança gritando no ônibus e se pergunte se a mãe ou o pai é um bom responsável. Talvez fique com medo que um jovem de capuz andando em sua direção seja uma ameaça e atravesse a rua para evitá-lo.

No entanto, quando julgamos os outros, tornamo-nos cegos e limitamos nossas oportunidades. A única função do julgamento é atribuir aos outros papéis que provavelmente são imprecisos, uma vez que é criada uma narrativa sem fundamento na verdade. Julgar os outros diminui nossa capacidade de compaixão e aumenta nosso isolamento. Todos nós julgamos, mas o *ubuntu* nos diz que isso não trará alegria. Por um dia, tente observar o mundo ao seu redor sem fazer julgamentos e, silenciosamente, deixe os pensamentos negativos desaparecerem.

LIÇÃO 2

A FORÇA ESTÁ NA UNIÃO

*"Se quiser ir depressa, vá sozinho.
Se quiser ir longe, vá junto."*

Provérbio africano

*"Gravetos em fardos são
inquebráveis."*

Provérbio bondei

O ubuntu rejeita a ideia de que um ser humano possa ser inteiramente autossuficiente, porque nenhuma pessoa pode existir isolada de outras. Eu sou apenas porque você é. No entanto, ele também vai além e destaca o incrível poder do qual podemos usufruir se optarmos por permanecer juntos.

"Unidos nos erguemos, divididos caímos" é uma frase que tem sido usada ao longo das eras para inspirar a unidade, desde os gregos antigos aos pais fundadores dos Estados Unidos da América, e em comícios políticos de Londres à Cidade do Cabo. Mas é fácil esquecer o potencial que temos coletivamente. Às vezes, a apatia e o isolamento nos levam a pensar que nossa contribuição para as causas em que acreditamos não tem valor. Entretanto, cada um de nós tem uma voz. E ela se torna mais alta quando se une à voz dos outros. Sempre há força na quantidade.

FAÇA DA UNIÃO UMA PRIORIDADE

Desde muito cedo somos incentivados a pensar como indivíduos e a focar em nossas realizações individuais; a almejar o "primeiro lugar". Então, muitos de nós passam a vida profissional em silêncio, diante de uma tela de computador, isolados em um cubículo ou presos em uma função na qual há pouco tempo para uma cultura que abre espaço para conversas pessoais, ou simplesmente não há tempo algum. A revolução digital reduziu nossa capacidade de ver e falar com outros seres humanos cara a cara. Nós nos tornamos seres virtuais, não físicos. Não telefonamos mais, enviamos mensagens de texto às pessoas. Não organizamos encontros, mandamos e-mails.

Essa falta de contato humano contrasta diretamente com o modo de vida africano, no qual a cooperação é vital para suportar condições hostis. Quando você precisa sobreviver na mesma terra de seu vizinho e trabalhar ao lado dele, a colaboração é fundamental.

"É preciso um vilarejo para criar uma criança" é um provável provérbio africano que se baseia no entendimento de que uma comunidade unida é uma comunidade forte. Toda pessoa é importante, todos contribuem e, trabalhando juntos, grandes coisas podem acontecer.

RIQUEZA NÃO É EQUIVALENTE A VALOR

Nossa necessidade de buscar vínculos com outros humanos não mudou desde o início dos tempos — somos animais sociais por natureza —, mas a ênfase na importância das interações sociais mudou para além do que podemos reconhecer. A sociedade valoriza amplamente pessoas que têm uma posição socioeconômica mais alta; consequentemente, muitos de nós se esforçam para atingir metas relacionadas a dinheiro ou status. No entanto, vários estudos revelam que riqueza não significa felicidade. Um desses estudos é do cientista psicológico Cameron Anderson, da Universidade da Califórnia, em Berkeley. Ele sugeriu que o contentamento está relacionado ao respeito e à admiração das pessoas ao seu redor, e não ao dinheiro e ao status.[1] Na verdade, a riqueza pode piorar nosso comportamento em relação às outras pessoas! Outro estudo da Universidade da Califórnia descobriu que em São Francisco, onde os carros devem parar nas faixas de pedestres, os motoristas de carros de luxo são quatro vezes menos propensos a dar passagem aos pedestres do que pessoas que dirigem veículos mais baratos.

Quando se trata de saúde mental, o *ubuntu* diz que a união é a nossa maior força. (Não é à toa que a solitária, nas prisões, é considerada um dos piores castigos.) É irônico que em um momento em que a revolução digital e as redes sociais trouxeram mais interconectividade para nossa vida, muitas pessoas se sintam mais desconectadas que nunca, e a solidão tenha alcançado proporções epidêmicas. Reunir-se é vital. Mas se reunir por meio de telas não se compara à boa e velha interação cara a cara.

Um estudo da Universidade Brigham Young, nos Estados Unidos, mostrou que a solidão aumenta o risco de mortalidade em 26 por cento. No Reino Unido, mais de nove milhões de pessoas — quase um quinto da população — dizem que se sentem sempre ou frequentemente solitários.[2] Em 2018, o primeiro-ministro chegou a criar um cargo de Ministro da Solidão, para assegurar que se implementassem políticas de governo para enfrentar esse enorme problema.

O PODER DE MUITOS

A união pode não só nos proporcionar bem-estar mental, mas também causar mudanças poderosas, mesmo contra todas as probabilidades.

Em 1930, Mahatma Gandhi reuniu um pequeno grupo de apoiadores para se juntar a ele na infame Marcha do Sal. Foi um protesto não violento contra a decisão britânica de que o povo indiano não só seria tributado sobre o sal, como também seria proibido de coletá-lo ou vendê-lo, apesar de ser um item básico da culinária. Durante 24 dias, Gandhi marchou de seu *ashram*, em Gujarate, até o mar da Arábia para coletar sal do oceano. Centenas de milhares de pessoas se juntaram a ele no caminho. Sozinho, Gandhi era como um único grão de sal, mas no fim dos mais de 380 quilômetros, a multidão se ergueu como uma rocha. A marcha transformou Gandhi em um líder popular e inspirou outras manifestações pacíficas, que acabaram levando à liberdade da Índia do domínio colonial.

Em 1963, o ativista pelos direitos civis Martin Luther King Jr. apareceu diante de uma multidão de mais de 250 mil manifestantes em frente ao Lincoln Memorial, em Washington, D.C. A marcha foi um protesto não violento contra o racismo e a desigualdade, um apelo por direitos iguais para os afro-americanos. Quando instigado pela multidão, Dr. King falou de seu sonho de liberdade e igualdade. Seu discurso "Eu tenho um sonho" é reconhecido como um dos maiores da história, e foi amplamente visto como um ponto de virada na luta pelos direitos civis nos Estados Unidos. Logo depois, o governo norte-americano foi forçado a ouvir a voz de um povo unificado que antes havia sido ignorado.

Em 1989, meu avô liderou uma das maiores marchas antiapartheid de todos os tempos. Trinta mil pessoas marcharam pelas ruas da Cidade do Cabo. Embora não tenha sido o primeiro protesto pacífico contra o apartheid, a manifestação chamou a atenção por ter acontecido no meio de um estado de emergência, quando os sul-africanos não eram autorizados a se reunir em grandes grupos, e inspirou outras marchas similares que aconteceram em Joanesburgo e Durban.

UNIDOS PELO BEM COMUM

O conceito de comunidade é definido como "um grupo de pessoas que vivem no mesmo local ou que possuem uma característica específica em comum" e "o estado de compartilhar ou ter certas atitudes e interesses em comum". O *ubuntu* está no cerne do poder do qual uma multidão pode usufruir para o bem comum.

Você não precisa viver fisicamente próximo a outras pessoas para experimentar um senso de comunidade com elas. Quando usadas para o bem, as redes sociais podem fornecer um importante meio de expressão para muita gente. Qualquer pessoa com acesso à internet pode participar de conversas e expressar a si mesmo e seus pontos de vista para o mundo todo em segundos. Estamos mais conectados e somos capazes de compartilhar informações de modo mais rápido do que nunca em nossa história. Milhões de pessoas postam fotos para mostrar solidariedade a cidades, como Paris, que foram atingidas por ataques terroristas.

Em 2017, a campanha #MeToo, movimento contra agressão sexual e assédio, tornou-se viral em meio às acusações contra o produtor cinematográfico Harvey Weinstein.

A campanha #BringBackOurGirls deu destaque ao sequestro, em 2014, de 276 meninas, estudantes de uma escola no estado de Borno, na Nigéria, pelo grupo terrorista Boko Haram.

O movimento #BlackLivesMatter começou em 2013 como uma hashtag e tem como objetivo chamar a atenção para a violência infligida contra as comunidades negras, surgindo após a absolvição de George Zimmerman que matou a tiros o adolescente negro Trayvon Martin, nos Estados Unidos.

Cada uma dessas campanhas recebeu grande atenção ao redor do mundo, em parte porque muitas pessoas compartilhavam a hashtag. Compartilhar uma hashtag leva segundos, mas o alcance pode ser fenomenal.

Em momentos de trauma, os seres humanos buscam conforto na união. Talvez, mesmo sem conhecer a palavra, busquemos o sentimento do *ubuntu*, uma vez que ele proporciona consolo. Ele nos incentiva a estender a mão aos nossos companheiros homens e mulheres para celebrar tudo o que é bom, mas também para apoiá-los se estiverem sofrendo. Ficar lado a lado com os outros, física e espiritualmente, transmite uma mensagem poderosa, que diz: "Eu estou triste porque você está triste. Eu estou sofrendo porque você está sofrendo."

E, o mais importante, diz em alto e bom som: "Nós somos um."

Nós, a família ao redor do planeta, permanecemos em união. Quando nos opomos ao terrorismo, diminuímos o terror. A união nos faz lembrar que existem muito mais pessoas boas que más no mundo.

O PODER DO POVO

Em 2014, quando um viajante ferroviário australiano escorregou e prendeu sua perna entre um trem com destino a Perth e a plataforma, dezenas de passageiros se uniram para resgatá-lo. Eles empurraram o veículo em um esforço coletivo para soltar a perna do homem, que estava presa em um estreito vão. Uma missão de resgate que poderia ter levado horas levou poucos minutos graças à ajuda de seus companheiros de viagem.

O poder da crença compartilhada entre as pessoas pode transformar vidas não só física, mas também espiritualmente. Quando Carly Webber, 22 anos, de Cornwall, caiu de um muro, quebrou o pescoço e ficou paralisada dos ombros para baixo. Em uma fração de segundo, sua vida mudou completamente. Uma deficiência tão catastrófica parecia o fim do mundo. Sua família a apoiou, mas Carly lutou muito para descobrir como poderia seguir em frente. Então, sua comunidade mais ampla — membros da cidade em que vivia — se mobilizou para arrecadar dinheiro para que ela conseguisse pagar sua fisioterapia.

Emocionada diante da fé que os outros demonstravam por ela, Carly encontrou uma força interior que sequer sabia possuir. Em um ano, ela recuperou um pouco dos movimentos do corpo — algo que os médicos haviam afirmado ser impossível. Carly desafiou todas as probabilidades porque um grupo de pessoas, muitas delas completamente estranhas, se reuniu e transmitiu mensagens de apoio e ofertas de ajuda. O *ubuntu* pode erguer uma pessoa, por mais desesperadora que possa parecer sua situação.

Mesmo como indivíduo, você pode fazer a diferença. Pode intervir e afetar a narrativa. Estando preparado para pôr as mãos na massa, você pode incentivar outras pessoas a fazer o mesmo.

Em muitas ocasiões, meu avô entrou no meio da multidão para pedir calma durante protestos acalorados contra o apartheid na África do Sul. Cerca de um ano depois de receber o prêmio Nobel, ele se viu em Joanesburgo, perto de uma multidão enfurecida. Havia um carro em chamas. Um grupo de homens negros estava pronto para colocar um pneu em volta do pescoço de outro homem negro, porque suspeitavam que ele colaborava com as forças do apartheid. Eles pretendiam pôr fogo no pneu — uma forma brutal de punição conhecida como *necklacing* [algo parecido com a prática do "micro-ondas", no Brasil]. Meu avô interveio fisicamente para impedir que aquilo acontecesse. Disse a todos que essa briga, essa falta de união, minava a luta antiapartheid e, milagrosamente, ele foi ouvido.

VOCÊ NÃO ESTÁ SOZINHO

Se você acha que algo precisa mudar porque é injusto, provavelmente outras pessoas pensam da mesma maneira. Quando ousamos falar, geralmente descobrimos que não somos uma voz solitária, mas uma entre muitas. O mundo está cheio de indivíduos que querem a mesma coisa: uma sociedade justa e igualitária, uma oportunidade de viver em paz, com saúde, uma chance de sustentar sua família e de se sentir seguro e próspero. Essas são necessidades fundamentais da condição humana.

Se você acredita em algo e quer fazer a mudança acontecer, o segredo é não desistir. A apatia tem o poder de matar a democracia, corroendo a responsabilidade coletiva e os direitos humanos. Se assinar uma petição por algo em que acredita, dê mais um passo e se pergunte: o que mais eu posso fazer? Talvez seja tentador pensar: "É isso aí. Já fiz a minha parte." No entanto, sempre haverá mais coisas que você pode fazer, por menores que sejam.

A parlamentar britânica Jo Cox, que foi assassinada em uma rua de Yorkshire, na Inglaterra, em junho de 2016, disse: "Somos muito mais unidos e temos muito mais em comum do que aquilo que nos divide." O *ubuntu* nos ensina que, *juntas*, nossas forças podem ser uma potência voltada para o bem, e há um poder enorme em reconhecer o valor de nossa união, principalmente se quisermos fazer do mundo um lugar melhor. Isso é *ubuntu*.

Pense na mudança que você gostaria de ver no mundo. Muitas vezes, as pessoas se reúnem quando têm um objetivo em comum. Em um mundo ideal, o que você gostaria que acontecesse de maneira diferente? Seja um cenário de paz global, uma ação que ajude a proteger o meio ambiente ou alguma necessidade específica de sua comunidade que você acredita não estar sendo atendida, comprometa-se a agir. Torne-se parte de uma organização que está fazendo algo para ajudar, ou de um grupo de pessoas com a mesma opinião. Faça parte de uma nova rede de contatos. Defenda uma causa.

Como posso encontrar minha comunidade? Nem todos nós sentimos que fazemos parte de uma comunidade já existente. Muitas pessoas moram em cidades onde mal conhecem seus vizinhos. Uma longa jornada de trabalho e a falta de atividades sociais locais significam poucas oportunidades de conhecer as pessoas que moram perto de nós. A sensação de deslocamento pode se aprofundar por conta de relacionamentos familiares desestruturados, perda de amizades, trabalhos como freelancer ou pela necessidade de se mudar por causa de um novo emprego ou um parceiro; mas qualquer um pode tomar medidas para reconstruir sua comunidade.

Aqui estão algumas ideias:

1. Se você não tem certeza do que está procurando, comece por um grupo local com quem tenha algo em comum. Pode ser um grupo para pais de primeira viagem, uma aula de yoga ou o time de futsal, mas vá em frente e encontre sua comunidade.

2. Esteja preparado para comparecer aos lugares. Sentir-se isolado pode rapidamente levar a problemas de saúde mental, então não deixe para amanhã o que você pode fazer hoje. Existem muitas comunidades diferentes esperando por você, mas elas provavelmente não vão bater à sua porta. Você precisa ir até elas. Vale a pena participar de mais de uma reunião para ver se aquele é o grupo certo para você.

3. O tempo é o presente mais precioso que você pode oferecer. Os laços humanos são criados quando dividimos nosso tempo e compartilhamos experiências. Oferecer seu tempo a alguém pode ser um divisor de águas. Ao conhecer novas pessoas, demonstre interesse, ouça e faça perguntas. Se estiver procurando por um novo grupo, saiba que milhares de instituições de caridade regularmente solicitam o tempo das pessoas. Ser voluntário em uma boa causa pode ajudá-lo a encontrar pessoas que pensam da mesma forma que você.

LIÇÃO 3

COLOQUE-SE NO LUGAR DO OUTRO

"Em primeiro lugar, Scout, se aprender um truque simples, vai se relacionar melhor com todo o tipo de gente. Você só consegue entender uma pessoa de verdade quando vê as coisas do ponto de vista dela. Precisa se colocar no lugar dela e dar umas voltas."

Atticus Finch, em *O sol é para todos*, de Harper Lee

Quem não gosta de sentir que sabe das coisas, ou que sabe o que é "certo" em uma situação difícil? Todos gostam da sensação de ser a pessoa que tem todas as respostas, a pessoa que consegue se distanciar e fazer um julgamento.

No entanto, a filosofia *ubuntu* nos incentiva a abandonar nossos julgamentos e a abraçar a compaixão e a compreensão. Ele nos convida a diminuir o volume de nossa voz interior (muitas vezes) presunçosa e começar a fazer perguntas pelo bem do outro. Só então poderemos entender o que o outro pode estar pensando. Ou sentindo.

MESMO QUE VOCÊ NÃO CONCORDE, LEVE O OUTRO LADO EM CONSIDERAÇÃO...

Essa foi uma das muitas lições passadas de meus avós para a minha mãe, e ela, por sua vez, a transmitiu para mim. Para minha mãe, isso significava ser capaz de compreender a posição das pessoas que viviam do outro lado de um dos regimes mais opressivos do mundo. Significava tentar entender a vida sob a perspectiva do outro, mesmo que discordasse dele calorosamente.

Em Soweto — abreviação de South Western Townships —, Joanesburgo, ela testemunhou de perto a opressão contra a população negra. Conheceu os subúrbios pobres onde moravam os negros e comparou a região com as áreas mais ricas habitadas pelos brancos. Ela viu como as crianças negras recebiam uma educação inferior, como tinham pouco ou nenhum acesso aos recursos e lhes era negado qualquer direito que as crianças brancas possuíam.

Entretanto, em vez de condenar os brancos, mamãe se perguntou: "Eu me manifestaria contra o apartheid se fosse branca?" Ela viu o privilégio branco da forma que era — injusto e desumano —, mas também compreendeu como devia ser fácil aceitá-lo como norma quando se foi constantemente socializado para acreditar na supremacia branca. A maioria das pessoas com privilégios — racial, social, econômico, de gênero — os aceita como um direito, porque foi isso que aprenderam, e muitas vezes é a única realidade que conhecem.

Da mesma forma, a maioria de nós não gostaria de renunciar a seu privilégio ou questioná-lo, porque simplesmente não seria de nosso interesse fazê-lo. Minha mãe percebeu que, embora gostemos de pensar em nós como pessoas que lutariam por justiça mesmo em situações em que nos beneficiaríamos da injustiça, a *maioria* das pessoas não é tão corajosa.

É da natureza humana aceitar o *status quo* quando nos beneficiamos dele. Talvez algumas pessoas tenham dificuldade em diferenciar o certo do errado, ou se esforcem para decidir fazer a "coisa certa".

Esse pensamento trouxe para a minha mãe uma perspectiva de vida diferente, e isso significava que ela não necessariamente enxergava os brancos como maus. Aos olhos dela, eles se tornaram indivíduos comuns que usufruíam dos frutos de seu privilégio, e que não estavam dispostos a questionar a sua origem e as suas consequências para os demais.

Nós aprendemos inúmeras lições com nossos pais ao longo da vida. Entre elas, minha mãe me ensinou a não tirar conclusões precipitadas. Em vez disso, eu deveria fazer perguntas quando alguém faz algo contra mim ou que me magoa. Segundo ela, a pergunta mais importante é sempre esta: nas mesmas circunstâncias, o que *você* faria?

SEPARE UM TEMPO PARA QUESTIONAR

Na época em que fiz faculdade no exterior, em Sydney, dividia uma casa com diversos estudantes, homens e mulheres. Um dia, uma amiga da África do Sul foi me visitar e, durante sua estadia, algumas joias suas desapareceram. Depois que as suspeitas iniciais nos levaram a uma de minhas colegas de apartamento, os sentimentos de raiva e traição vieram à tona.

Como ela pôde fazer isso? Eu pensei que fôssemos amigas.

Teria sido fácil confrontar minha colega de apartamento imediatamente. No entanto, uma conversa com minha mãe aplacou a fúria dos meus pensamentos e das minhas palavras. Ela me aconselhou e disse que uma conversa franca era necessária, mas só quando eu estivesse calma. Eu precisava ver o outro lado da história. Muitas vezes, não tiramos um tempo para fazer isso e, naquela situação, eu quase não o fiz.

Depois de reunir todas as mulheres da casa, a pessoa de quem eu suspeitava admitiu que havia realmente pegado as joias. Mas esse não foi o fim da história. Ela também confessou que lutava contra um transtorno de controle de impulsos e bulimia. Travava uma batalha sobre a qual ninguém sabia. Estava sofrendo, e estar longe de casa exacerbava sua luta interna.

Durante nossa conversa, minha mãe também me lembrou de uma das minhas frases favoritas de Ian Maclaren, um teólogo escocês: "Seja gentil, pois todas as pessoas que você conhece estão travando uma dura batalha."

Todos estão enfrentando momentos difíceis em sua vida, sobre os quais não sabemos nada — até mesmo as pessoas das quais achamos que somos próximos. Talvez sejamos capazes de manter nosso sofrimento em segredo no dia a dia, mas se as pessoas ao nosso redor não souberem o que estamos passando, não poderão nos ajudar. Podemos esconder de nossa família as preocupações com dinheiro ou trabalho, em uma tentativa de protegê-la, ou podemos esconder os problemas de nossos amigos, porque não queremos ser a pessoa que reclama o tempo todo. No entanto, isso impede que o dom do *ubuntu* também nos ajude.

Sendo gentis e agindo com cuidado, minha amiga e eu evitamos prejudicar ainda mais alguém que já estava sofrendo.

CONVERSE COM AS PESSOAS

Colocar-se no lugar de outra pessoa é ter a capacidade de ver as coisas sob a perspectiva dela. Não é fácil. E se você não tiver nada em comum com ela? Ou tiver sido gravemente magoado por suas ações? A simples ideia de *tentar* ver o outro lado da história pode ser um desafio. Mas o que podemos ganhar tentando é sempre mais do que poderíamos imaginar. Uma vez, meu avô me disse: "Se você quiser paz, não fale com seus amigos — fale com seus inimigos."

Conversar com pessoas que possuem opiniões opostas é exatamente o que a Tutu Foundation, no Reino Unido, incentivava as pessoas a fazer quando foi criada, em 2007. Um programa chamado *Conversations for Change* [Conversas pela mudança, em tradução livre] incentivava grupos da comunidade que enfrentavam dificuldades para se comunicar. O foco era criar um diálogo entre as partes que estavam na mesma comunidade geográfica, mas em diferentes círculos sociais, e juntar os lados opostos.

Os valores da Fundação se baseiam no *ubuntu*, uma vez que sua missão é construir paz, respeito, entendimento e conexões entre as pessoas. O *Ubuntu Youth Project* [Projeto Juventude Ubuntu, em tradução livre] foi particularmente bem-sucedido e, ao longo dos anos, ajudou a melhorar o relacionamento entre a polícia e os jovens descontentes.

Muitas coisas memoráveis aconteceram na mesa — que chamamos de Mesa Redonda *Ubuntu* — e nos bastidores. Pela primeira vez, muitos adolescentes foram apresentados ao conceito do *ubuntu*. Nos workshops, eles tiveram a chance de discutir as ideias por trás dessa filosofia e foram incentivados a levar o ponto de vista de outro indivíduo em consideração. Talvez pela primeira vez.

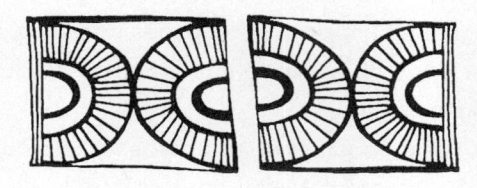

PENSE NO QUE O OUTRO PODE ESTAR PENSANDO

Certa manhã, um adolescente inscrito em um dos programas apareceu com um grande gesso no pescoço. Quando um dos monitores perguntou o que acontecera, ele explicou que fora esfaqueado por outro adolescente na propriedade onde morava. Fora um ataque gratuito, e ele tivera que levar pontos. Imaginando que o garoto estaria com raiva e pensando em se vingar, o monitor lhe perguntou como ele estava se sentindo.

"Estou bem", respondeu. "Estou ferido, mas decidi não guardar rancor, porque não faço ideia do que o cara que fez isso estava passando naquele dia. Ele podia estar enfrentando um monte de coisas que eu desconheço, e talvez tenha perdido a cabeça naquela manhã."

Se a resposta dele o deixou de queixo caído, você não está sozinho. Esse adolescente sabia que não fora um ataque pessoal e entendia muito bem que a vida podia ser difícil onde morava. Ele escolheu se colocar no lugar do outro. Isso é *ubuntu*.

Colocar-se no lugar dos outros é uma escolha consciente. Se você não conseguir entender as palavras ou ações de uma pessoa, tente imaginar o que pode estar acontecendo na vida dela. O que a levou a se comportar dessa maneira? Onde ela vive? Com quem ela mora? Quais são as condições de vida dela? Pergunte a si mesmo se as ações dessa pessoa podem ser o reflexo de alguém satisfeito ou que está lutando para viver sua vida.

A maior parte daquilo que as pessoas fazem quando ferem os outros *não* é pessoal. Muitas vezes, são reflexos de sua educação, acontecimentos ou experiências da infância, que aconteceram há muito tempo. Após passar alguns instantes avaliando por que e como elas fizeram suas escolhas, podemos começar a nos sentir muito diferentes em relação aos nossos ditos inimigos.

Certa vez, vi uma citação que dizia: "Quatro mais oito é igual a 12, mas seis mais seis também é." A perspectiva de outra pessoa pode ser diferente da sua, mas isso não significa que a dela esteja errada. Todos nós podemos chegar à mesma conclusão de maneiras diferentes, ou a conclusões diferentes (mas nem melhores nem piores!), porque não somos iguais.

INSPIRE-SE NA JORNADA DOS OUTROS

Em abril de 1994, meu avô finalmente pôde votar pela primeira vez nas primeiras eleições livres e justas na África do Sul, após o colapso do apartheid. Ele tinha 63 anos. Depois de ver Nelson Mandela chegar ao poder, meu avô planejava merecidamente se aposentar; mas a vida tinha outros planos. Ele foi selecionado para presidir a Comissão da Verdade e Reconciliação, (*Truth and Reconciliation Commission*, TRC), que tinha como objetivo administrar a justiça restaurativa — como um tribunal — e era vista como a melhor maneira de levar o país adiante e começar a curar as feridas do apartheid.

Os líderes da nova África do Sul poderiam ter seguido o exemplo dos Julgamentos de Nuremberg que ocorreram após a Segunda Guerra Mundial. Eles haviam visto que, com Nuremberg e outros julgamentos, as sentenças de prisão e morte, na maioria das vezes, simplesmente davam início a um novo ciclo de vitimização, com pedidos de retaliação e vingança. Esses julgamentos serviram como uma vitrine, mostrando ao mundo quem eram os culpados dos crimes contra a humanidade na Alemanha nazista. Os perpetradores foram julgados e condenados a penas de prisão — e até à morte — por seu papel nas atrocidades que ocorreram na Alemanha e nos países contra quem lutou e anexou.

Na África do Sul, muitas pessoas disseram que, dada a extensão das atrocidades do apartheid no país, os julgamentos no estilo de Nuremberg eram, de fato, o único caminho a seguir. No entanto, fiéis à cultura africana, os líderes da África do Sul decidiram que, por meio da TRC, teriam a oportunidade de mostrar ao mundo uma maneira diferente de reconstruir uma nação após um conflito.

A ideia era que todos os partidos na África do Sul relatassem suas experiências para que os sul-africanos pudessem ouvir toda a história do apartheid. Era necessário que o país inteiro testemunhasse a extensão das atrocidades perpetradas tanto na defesa do apartheid como nas tentativas de derrubá-lo. Foi uma iniciativa para drenar a ferida e curar a África do Sul.

Meu avô apoiava totalmente a ideia. Ele achava que se as pessoas quisessem se tornar "una" de novo, precisavam compartilhar uma história em comum. E você só pode fazer isso se conseguir experimentar o que a outra parte experimentou. Isso inclui ouvir suas opiniões, entender suas crenças e ideias e até ter empatia por suas motivações. Os autores de crimes na África do Sul durante o apartheid foram convidados a prestar testemunho, com total abertura, e a TRC foi autorizada a lhes conceder anistia, se os crimes fossem considerados crimes com motivação política. Cada caso doloroso foi transmitido pela televisão.

Um desses casos foi o de Amy Biehl, uma norte-americana branca, estudante do Fulbright, um programa de bolsas de estudos, que apoiara o movimento antiapartheid. Certo dia, em agosto de 1993, Amy foi arrancada de seu carro. Ela foi esfaqueada e apedrejada até a morte por uma multidão. Quatro homens negros foram condenados por seu assassinato e enviados para a prisão. Mas durante a TRC, eles foram perdoados quando ficou determinado que suas ações ocorreram por razões políticas.

A família de Biehl apoiou a decisão. Que um pai perdoe o assassinato de seu filho é inconcebível para muitos, mas os familiares de Biehl conseguiram dar um grande passo e ir além com o seu perdão. Eles conheceram as famílias dos assassinos, construíram uma organização comunitária com eles e investiram economicamente na comunidade da qual aqueles jovens vieram.

Como fizeram isso? Eles escolheram se colocar no lugar dos assassinos de sua filha. Eles ouviram histórias sobre a criação pobre e violenta que os homens tiveram. Ouviram que estavam voltando de uma manifestação política quando a viram dirigindo um carro com três amigos negros. Para eles, Amy simbolizava o opressor branco. Ela não era um indivíduo. Os negros haviam sido tratados como cidadãos de segunda classe por tanto tempo que, para eles, se tornara possível desumanizar outras pessoas, assim como haviam sido desumanizados.

Essa profunda compreensão das circunstâncias permitiu que os pais de Amy perdoassem e depois criassem a Fundação Amy Biehl, uma organização sem fins lucrativos contra a violência. Em 2015, quando a mãe de Amy, Linda Biehl, participou de uma discussão sobre justiça restaurativa na Whittier College, nos Estados Unidos, com um dos assassinos de sua filha, disse que enfim *compreendia* que aqueles assassinos não eram responsáveis pela morte de Amy.

A Comissão da Verdade e Reconciliação incentivava as pessoas a perdoar, mas o perdão nunca lhes foi imposto. Ele *não podia* ser algo imposto. O perdão só funciona quando um indivíduo escolhe se colocar no lugar do outro.

Se você está em conflito com alguém, tente fazer o mesmo. O *ubuntu* nos diz que sentir compaixão e empatia pelo outro lado só nos faz bem. Podemos até descobrir que reagiríamos da mesma maneira que o outro se nos colocarmos no lugar dele.

Imagine-se realmente na pele do outro. Se você se encontrar em conflito ou fazendo julgamentos sobre alguém, pense por um momento e conheça o outro lado da história. Feche os olhos e imagine como essa pessoa pode estar se sentindo em relação à situação. Que cadeia de acontecimentos a levou a ter suas crenças, ainda que equivocadas, e suas reações, por mais prejudiciais que sejam? Como ela pode tirar conclusões precipitadas? Você é capaz de se imaginar reagindo como ela? Tentar fazer isso é, por si só, um exercício poderoso.

Reflita sobre o seu lado da história. Tente parar de pensar "Mas eu estou certo!", mesmo que você sinta que suas crenças são completamente justificadas e que não há espaço para dúvidas — porque sempre existe espaço para crescimento. No Programa de 12 Passos dos Alcoólicos Anônimos, o décimo passo recomenda que os participantes façam uma "revisão diária" para aumentar sua responsabilidade e encorajá-los a ver as coisas sob a perspectiva dos outros. Fazer isso pode trazer tranquilidade para a nossa vida. O ressentimento gera um tumulto interno.

Este passo pode encorajá-lo a:

1. Observar uma situação com honestidade incluindo vê-la de outro ponto de vista;

2. Admitir quando estiver errado e perdoar quando for apropriado;

3. Fazer a si mesmo algumas perguntas difíceis e estar preparado para responder com sinceridade. A raiva que você sente de uma situação está atrapalhando seu julgamento? Você sente como se fosse excessivamente importante ser visto como a pessoa "certa"? E por quê? Se você aceitar que a perspectiva do outro é diferente da sua, isso o fará se sentir diferente acerca da própria opinião?

Diga o ponto de vista da outra pessoa em voz alta. Quando criança, sempre que eu brigava com meu irmão, minha mãe sugeria que eu explicasse a ela — com as minhas palavras — o que ele estava tentando dizer. Verbalizar o outro lado do argumento é uma prática poderosa. Muitas vezes, é fácil não entender o ponto de vista de outra pessoa, porque você está muito envolvido na própria narrativa. Tente dizer em voz alta a perspectiva do outro, como se estivesse tentando convencer uma terceira pessoa a ver o lado dele da história. É um exercício de humildade.

LIÇÃO 4

ESCOLHA VER A PERSPECTIVA MAIS AMPLA

*"Se quiser saber o fim,
olhe para o começo."*

Provérbio africano

*"Quando a música muda,
a dança muda também."*

Provérbio africano

Mais do que tentar se colocar no lugar do outro, escolher ver a perspectiva mais ampla da vida pode ser um desafio — a ideia vai além de apreciá-la do ponto de vista de outra pessoa. O _ubuntu_ nos ensina que devemos observar o mundo sob todas as perspectivas, de todos os ângulos. Ao fazer isso, podemos extrair o máximo de compreensão possível sobre uma situação.

Imagine que você é um astronauta. Você finalmente chegou ao seu destino no espaço e, em um momento tranquilo, tem alguns minutos para dar uma olhada no planeta Terra. Previsivelmente, ver a realidade de nossa frágil esfera, pendurada como uma bolinha de gude azul no meio do vazio, pode ser uma experiência transformadora. As fronteiras dos países, as guerras, os conflitos e os desafios ambientais são insignificantes porque você está vendo nosso planeta como um todo. E ele é inexplicavelmente pequeno e solitário.

Sob tal perspectiva, muitos astronautas descrevem um desejo avassalador de proteger nosso planeta e, talvez pela primeira vez, experimentam uma intensa gratidão pela santidade da vida. Porque a vida é frágil, e o planeta em que vivemos também. Esquecemos isso quando nos vemos envolvidos com as pressões da educação, do trabalho, da família e das questões gerais de nossa existência moderna. Esse efeito surpreendente na vida de um astronauta ganhou o próprio nome: ele é conhecido como "efeito perspectiva" [ou _overview effect_, em inglês].

Assim como um explorador espacial, nós, terráqueos, também podemos escolher buscar a "visão panorâmica", a perspectiva mais ampla, de qualquer situação. O único momento em que não podemos mudar uma perspectiva é quando nos recusamos a tentar, ou sentimos um apego irracional a um resultado específico. Enxergar sob perspectiva mais ampla nos permite prestar atenção às histórias que determinam o que nós e o outro vemos. Se você resolver acreditar em apenas uma versão dos eventos e insistir em ver uma situação sob apenas uma perspectiva, provavelmente não poderá fazer as mudanças sutis necessárias para progredir na conquista do que deseja, nem sentir compaixão por aqueles que acreditam no outro lado da história.

Não se espera que tentemos transformar mentiras em verdade, mas que conheçamos por nós mesmos as raízes dessas mentiras. Apenas quando nos permitirmos ter uma visão de 360 graus de alguma situação é que somos capazes de tomar decisões e realizar ações justas e compassivas. A capacidade de enxergar uma perspectiva mais ampla é o que permite que grandes líderes como Mandela se reúnam com seus inimigos e reconheçam que aqueles contra quem lutam também têm uma história para compartilhar. Essa habilidade também foi o que permitiu que Mandela fizesse mudanças sutis e necessárias para progredir na conquista do que desejava, e sentir compaixão por aqueles que estavam do outro lado.

CADA PERSPECTIVA É IMPORTANTE

Entender as atrocidades cometidas durante o apartheid sob outra perspectiva — uma perspectiva mais ampla — foi o que a Comissão da Verdade e Reconciliação se propôs a alcançar. Ela foi projetada para analisar como um todo o prolongado conflito sob a perspectiva de negros e brancos, ricos e pobres, homens e mulheres, e não deixar para trás nada que pudesse ajudar a encontrar respostas.

As audiências da TRC foram realizadas por toda a África do Sul, de cidadezinhas a grandes metrópoles. A Comissão normalmente levava uma semana para ouvir os testemunhos dos envolvidos, para que todos que precisassem contar suas histórias tivessem uma oportunidade. Organizou-se um serviço de tradução simultânea para que as pessoas pudessem testemunhar em sua língua materna. Audiências especiais para acomodar diversas perspectivas foram organizadas para diferentes instituições, incluindo profissionais de medicina, líderes empresariais e comunidades religiosas.

A ideia era a seguinte: a perspectiva de *todos* era bem-vinda. Até dos que foram presos por seus crimes. Se a perspectiva mais ampla pudesse ser vista pelo maior número de olhos possível, então, talvez, seguir em frente fosse possível também.

O mundo assistiu com admiração a África do Sul colocando o *ubuntu* em ação, purgando suas feridas ao vivo pelo rádio e pela televisão e concedendo anistia àqueles que haviam participado de crimes, caso pudessem provar que agiram por razões políticas. Foi um processo doloroso e meticuloso, mas desenvolvido para ajudar a curar as segregações. Foi por um bem maior. Pessoas que haviam sido prejudicadas foram encorajadas a perdoar, não apenas para o próprio bem-estar, mas também para benefício da nação. Os responsáveis pela TRC viam esse como o único caminho a seguir para a construção da unidade nacional, assim como todos os que consideravam a África do Sul sua casa.

"Que suas escolhas reflitam suas esperanças, não seus medos."

Nelson Mandela

Escolher enxergar a visão panorâmica — e é importante notar que isso é uma escolha — pode nos ajudar a ter empatia pelo ponto de vista dos outros. Pode nos ajudar a entender por que algo aconteceu e a lidar com a questão com mais sensibilidade. Pode transformar a raiva em compreensão, e o ódio em compaixão. Ao ampliar nossos horizontes, podemos crescer como pessoa, em vez de permanecermos presos em nossa visão de mundo. Podemos nos sentir melhor sobre nós mesmos. Se nos apegarmos às nossas presunções, é possível que acabemos amargurados e vivendo em uma comunidade dividida, incapaz de encontrar um interesse em comum.

O *ubuntu* nos ensina que a mudança é possível, *por pior* que seja a situação. Se olharmos ao redor e fizermos perguntas aos nossos pares, poderemos encontrar respostas. Respostas que poderão nos surpreender.

QUANTO PIOR A SITUAÇÃO, MAIS AMPLA A PERSPECTIVA PRECISA SER

Em 1994, durante um período de apenas cem dias, muitos indivíduos da etnia hutu, em Ruanda, massacraram milhares da etnia tutsi, uma comunidade que era minoria, mas que dominava o país havia muito tempo. Os hutus mataram aproximadamente oitocentos mil tutsis, cerca de setenta por cento da população dessa etnia. Vizinhos mataram vizinhos. Alguns maridos hutus mataram suas esposas tutsis.

Christophe Mbonyingabo foi exilado após sua família fugir de seu país de origem. Ele perdeu o pai e os irmãos por conta da violência. Ficou amargurado e cheio de ódio. Quando a guerra acabou, ele voltou para Ruanda, mas era como se não tivesse nada. Ele não tinha família. Não tinha um lar. Nada pelo que viver.

Desesperado, ele foi a uma igreja, onde ouviu um pastor pregar sobre as divisões entre as duas comunidades. Ouviu sobre como o outro lado também estava sofrendo, pois os hutus haviam abandonado o país em massa durante os últimos dias do genocídio. Eles fugiram porque, quando um grupo rebelde tutsi derrubou o governo controlado pelos hutus, os hutus moderados começaram a ser mortos por grupos de hutus extremistas e tutsis, em "assassinatos por vingança".

Pela primeira vez, Christophe percebeu que cada grupo étnico estava passando pelo próprio sofrimento. Ninguém tinha escapado da dor. Ela atingia os hutus tanto quanto os tutsis. Ele começou a analisar os terríveis eventos de muitos ângulos diferentes, e pensou em todo o ódio e turbulência que aqueles cem dias haviam provocado. Concluiu, então, que nada disso havia sido positivo para nenhum dos envolvidos. Em uma época em que a crença de qualquer pessoa em Deus seria questionada, Christophe descobriu que sua fé poderia ajudar a derrubar barreiras. Essa foi sua resposta.

Quando Christophe voltou a morar em Ruanda, trabalhando com a instituição de caridade cristã Tearfund,[1] ele eventualmente ajudou a formar um grupo cuja missão era reunir sobreviventes e criminosos. Capaz de ver a guerra de ambos os lados, Christophe compartilhou sua nova perspectiva, mais ampla, e incentivou outras pessoas a fazerem o mesmo.

Por meio de seu trabalho, conheceu aldeões que viviam lado a lado, mas que ainda não haviam se reconciliado anos após o conflito. Um dos sobreviventes não falava com um vizinho havia 22 anos, mas com a gentil ajuda de Christophe ambos conseguiram encontrar o perdão, deixando a amargura e o ódio para trás.

Christophe também desenvolveu Clubes da Paz [Peace Clubs, em inglês] em escolas de Ensino Médio, onde as crianças aprendiam exatamente como e por que o massacre aconteceu. A ideia é que se a próxima geração tiver uma perspectiva mais ampla e entender as motivações e o modo como o genocídio ocorreu no passado, futuramente estará menos inclinada a causar guerras e homicídios em massa. Será menos provável que a história se repita.

MUDAR A PRÓPRIA PERSPECTIVA É POSSÍVEL

É muito fácil ficar preso às nossas visões e opiniões acerca do mundo, mas podemos encontrar liberdade quando escolhemos enxergar a perspectiva mais ampla.

Muitas pessoas têm ideias preconcebidas sobre aquelas em situação de rua. Um estudo feito no Reino Unido, em 2018, como parte de uma pesquisa do Museum of Homelessness, mostra que a neurociência pode até explicar como nosso cérebro realmente desumaniza os outros — um fenômeno chamado "efeito espectador".[2]

**"Se você não gosta de algo, mude-o.
Se você não pode mudá-lo, mude sua atitude."**

Maya Angelou

Os participantes do estudo admitiram que, quando pensam em pessoas sem-teto, associam-nas à "criminalidade" e ao "desespero", que isso é um "problema deles", e que "estão ali por algum motivo". Não sentir compaixão em relação aos indivíduos que se encontram nessa situação pode ser uma reação comum.

O trabalho realizado pela Tutu Foundation busca fomentar uma abordagem empática. Recentemente, unimos forças com a British Transport Police (BTP) para ajudar os policiais a entender as possíveis experiências de vida das pessoas que encontram diariamente em seu trabalho. É muito fácil tirar conclusões precipitadas sobre a situação de alguém, mas estamos ajudando a treinar policiais para fazer perguntas relevantes que ajudarão a chegar ao cerne de uma situação.

Contaram-me a história de um oficial da BTP que ainda não havia recebido o treinamento, mas que empregara a abordagem empática que a Fundação planejava ensinar a ele e aos seus colegas. Ele encontrara uma jovem que não pagara a passagem de trem. Em vez de pegar os dados da mulher e lhe entregar a devida multa, o policial confiou em seu instinto e decidiu fazer algumas perguntas sobre sua condição de vida.

Surpresa diante da genuína preocupação do policial, a jovem desabafou com ele. Admitiu que havia entrado no trem para escapar de um terrível cenário de violência doméstica. Ela contou sua história. Estava tentando fugir da situação que vivia, mas não tinha dinheiro suficiente para comprar uma passagem. O oficial, comovido pela situação da mulher, acabou ficando com ela por horas até descobrir como ajudá-la e encaminhá-la aos tratamentos apropriados.

A Tutu Foundation defende perguntarmos "por que" alguém faz as escolhas que faz, em vez de tirarmos conclusões precipitadas. Por trás da pergunta "por que" está a oportunidade de enxergar uma perspectiva mais ampla.

Mas o *ubuntu* nos ensina que nem todos compartilharão essa visão. Somos todos frutos de nossa cultura e valores, de nossa criação e experiência de vida, de nosso conjunto particular de traços de personalidade. E, obviamente, enxergamos o mundo de acordo com esses fatores. Como resultado, nossa versão da realidade geralmente não é a mesma que a de outra pessoa. A única maneira de romper com esse ciclo de visão limitada é fazendo perguntas, de maneira empática, para as pessoas com quem não concordamos ou que necessariamente sentimos que queremos entender. Algo que parece razoável para elas pode parecer ridículo para nós. No entanto, se pudermos deixar nossa perspectiva para trás, talvez descubramos que nossa visão não é tão válida quanto pensávamos.

Um estudo realizado pela psicóloga Carol Dweck, da Universidade Stanford, na década de 1970, mostrou que existem dois tipos diferentes de mentalidade:[3] a "mentalidade fixa", segundo a qual a pessoa acredita que suas qualidades básicas — seus talentos ou inteligência — são traços fixos. E uma "mentalidade de crescimento", na qual as qualidades de uma pessoa podem mudar com muito esforço, experiência ou autoconfiança. Por meio de seus estudos com crianças em idade escolar, Dweck provou que se formos preenchidos com um amor pelo aprendizado e aprendermos a construir a resiliência, poderemos desenvolver nossas realizações e compreensão — em qualquer idade.

Décadas depois, o trabalho de Dweck ainda mostra que todo ser humano é capaz de mudar seu ponto de vista e abrir a mente para um maior entendimento do mundo. Precisamos ter consciência ao escolher ver a perspectiva de outras pessoas. E precisamos, também, buscar ter uma perspectiva mais ampla da própria vida.

Olhar de longe facilita a visão panorâmica. Se você está tendo dificuldades para obter perspectiva sobre determinada situação, dê um passo para trás. Pergunte o ponto de vista de outra pessoa: "O que você faria diferente do que estou fazendo agora?" Pergunte a si mesmo: "Esse problema será importante para mim daqui a uma semana? Um mês? Um ano?" Isso lhe dará uma ideia da importância e do impacto real que ele pode ter em sua vida.

"Isso vai passar" é um ditado reconfortante em situações desafiadoras. Nada é estático, e a mudança é inevitável. Às vezes, temos que dar tempo ao tempo para que ela aconteça.

Se você está tendo dificuldades para analisar a reação ou a perspectiva de outra pessoa, pense no que a levou até esse lugar — muitas vezes, não tem a ver com você, mas com algo na jornada pessoal dela.

Concentre-se no que a vida lhe deu, não no que lhe negou. Em uma aula de boxe, às seis horas da manhã, minha instrutora gritou certa vez: "Todos nós queremos reclamar por ter que levantar para treinar às 6 da manhã. Mas vamos agradecer por *podermos* levantar para treinar às 6 da manhã!" Isso me surpreendeu, mas ela estava absolutamente certa. Devemos ser gratos pelo que *podemos* fazer, e não focar o que não podemos.

Pratique a gratidão. É uma maneira infalível de, em um momento intenso, mudar rapidamente sua perspectiva para algo mais amplo e, portanto, mais calmo. Se estiver se sentindo empacado, sem saída, olhe para além do problema imediato e anote cinco coisas que você pode fazer e que estão sob seu controle.

Experimente coisas novas. Parece simples? E é. Agitar um pouco as coisas pode ter um efeito profundamente positivo em nós. Mais experiências e conhecimento naturalmente nos dão uma perspectiva mais ampla da vida. Experimente algo de uma cultura com a qual você não está familiarizado: a receita de um prato de um continente diferente que nunca provou antes; visitar uma loja polonesa ou chinesa pela qual você sempre passa, mas onde nunca se aventurou a entrar. Leia um livro ou assista a um filme de um gênero que nunca tentou antes. Mesmo se não gostar da nova experiência, poderá aprender algo com ela. Por outro lado, também pode descobrir que é algo que você nem sabia que gostava.

LIÇÃO 5

TENHA DIGNIDADE E RESPEITO POR SI E PELOS OUTROS

"*O povo africano não ouviu falar em cultura pela primeira vez dos europeus; suas sociedades não eram irracionais, e frequentemente tinham uma filosofia de grande profundidade, valor e beleza; eles tinham poesia e, acima de tudo, tinham dignidade.*"

Chinua Achebe em
Proverb and Culture in the Novels of Chinua Achebe, de Jayalakshmi V. Rao

Talvez o princípio mais implícito do *ubuntu* seja o respeito, tanto por si como por outras pessoas. É uma ideia simples. Se uma pessoa se respeita, é muito mais provável que estenda seu respeito aos outros.

Voltemos às palavras de meu avô: "Nós acreditamos que uma pessoa é uma pessoa por meio de outras pessoas, que minha humanidade está vinculada e inextricavelmente ligada à sua. Quando desumanizo você, eu inexoravelmente me desumanizo." Por essa lógica, o respeito deve começar dentro de si.

Entretanto, cuidar de si mesmo — a ideia de autocuidado — não é um ato egoísta? Não é o mesmo que "colocar-se em primeiro lugar", acima dos demais?

O *ubuntu* me ensinou que não. *Ubuntu* significa acreditar nos outros, independentemente de quem sejam e de qual papel exerçam na vida. Todos são iguais e merecem nosso respeito. Não devemos escolher as pessoas a quem demonstrá-lo. Mas o *ubuntu* também significa acreditar e mostrar respeito por nós mesmos.

Se decidirmos viver com *ubuntu* em nossa vida, devemos cuidar de nós mesmos. Temos que nos dar o que necessitamos, tanto física como mentalmente, para que nosso corpo e nossa mente não deem conta apenas de nossos assuntos diários, mas que também haja espaço para outras demandas.

Talvez isso signifique que você precisa de mais tempo para observar e refletir; para estar consciente de si e se sentar em silêncio. Ou talvez para comer de forma saudável, ou fazer exercícios diários. Independentemente do que autocuidado signifique para você, pratique-o!

NÃO DÁ PARA TIRAR NADA
DE UMA CAIXA VAZIA

Antes de um avião decolar, os comissários de bordo sempre dão conselhos sobre o que fazer em uma emergência. Eles explicam que se as máscaras de oxigênio caírem, devido a uma queda nos níveis de oxigênio em grandes altitudes, os passageiros devem sempre colocar a própria máscara antes de tentar ajudar outra pessoa a colocar a dela — inclusive a dos próprios filhos. Afinal, se você desmaiar por falta de oxigênio, como poderá ajudar outra pessoa? E isso se aplica a todos os aspectos da vida.

Minha mãe aprendeu essa lição da maneira mais difícil. Mãe solo, ela criou a mim e a meu irmão, Mpilo, enquanto trabalhava e era uma ativista comprometida com a paz e a igualdade racial e de gênero. Ela é uma das pessoas mais altruístas que conheço, mas raramente tem algum tempo livre, e esse estilo de vida às vezes pode deixá-la exausta.

Certa noite, no início dos anos 2000, sua abordagem em relação às demandas opressoras de uma vida agitada mudou. Ela precisava fazer um discurso em uma universidade, ao lado de Betty Williams, ganhadora do prêmio Nobel e nascida na Irlanda do Norte, mas todos estavam atrasados. Os voos atrasaram, e Betty e minha mãe estavam sendo levadas às pressas do aeroporto ao hotel. Esperava-se que elas estivessem lá, prontas para subir no palco, o mais rápido possível.

Minha mãe teve trinta minutos para se preparar. Ela começou a se apressar, trocando de roupa e se refrescando, e quando correu para o saguão para se apresentar, Betty havia acabado de chegar. Os organizadores disseram a Betty para que se apressasse também, mas ela sorriu e educadamente se recusou. Disse nítida e calmamente que sempre havia tempo. Ela precisava se recompor, tomar uma xícara de chá — talvez uma taça de vinho. Muito gentilmente, ela explicou que precisava se sentir totalmente descansada para ter um bom desempenho e oferecer a melhor apresentação possível. Que isso era para o bem de todos.

Minha mãe ficou impressionada, e se lembra de pensar: "Uau! As pessoas podem dizer isso e tudo bem?" Não era assim que ela vivera sua vida até aquele momento. No entanto, ela viu que Betty havia encontrado uma solução que funcionava tanto para ela como para os outros, sem se colocar em último lugar — uma perspectiva que incorpora o espírito do *ubuntu*. Impor limites respeitosos é necessário para que possamos cuidar de nós mesmos e continuar a nos doar às outras pessoas.

Afinal, não dá para tirar nada de uma caixa vazia.

Essa ideia de respeito por si mesmo entrelaçado ao respeito pelos outros é relevante tanto em uma escala maior quanto na pessoal.

Segundo a Organização Mundial da Saúde, a fome é uma das maiores ameaças à vida humana neste planeta, e a alimentação adequada sempre foi um desafio para a população de muitos países africanos.[1]

Um grupo de aldeias em Lesoto incorpora o *ubuntu* ao ajudar a alimentar as mulheres que vivem no país, que, então, têm força para gastar sua energia alimentando as crianças da vila — milhares delas até agora. Uma instituição de caridade chamada Msizi Africa, criada por Lucy Herron em 2007, fornece comida para essa parte desesperadamente pobre do país. A organização acredita que para as crianças crescerem saudáveis e fortes e alcançarem seu potencial máximo, precisam de uma refeição nutritiva todos os dias, pois uma boa alimentação é fundamental para o desenvolvimento. Eles fornecem arroz, frango e peixe às mulheres da vila, e as deixam responsáveis pela preparação e distribuição. Até agora, as mulheres serviram mais de 2,8 milhões de refeições.[2]

Esse é apenas um exemplo de muitos trabalhos de caridade por meio dos quais as comunidades recebem ajuda para conseguirem se ajudar, por meio da educação, programas de alimentação e financiamento inicial para empresas. É o *ubuntu* em ação.

NÃO TENHA MEDO DE PEDIR AJUDA

Pedir ajuda não é algo natural para muitos de nós. *Ubuntu* significa reconhecer outras pessoas em si mesmo, mas pedir ajuda aos outros, às vezes, pode parecer a coisa mais difícil do mundo. Temos medo de que isso seja visto como um sinal de fraqueza. Pode ser constrangedor revelar que não sabemos o suficiente ou que não temos capacidade de fazer algo. Temos medo de nos sentir burros ou ser incapazes de lidar com algo. E não temos certeza de como a pessoa a quem recorremos reagirá. O orgulho ou a baixa autoestima podem nos levar a fingir que não há nada de errado.

Nosso mundo — ou pelo menos o mundo ocidental — é obcecado pela ideia do individualismo, pela crença de que as necessidades pessoais são mais importantes do que as da sociedade como um todo. Um estudo conjunto da Universidade de Waterloo e da Universidade do Estado do Arizona, cobrindo um período de cinquenta anos, examinou fatores ligados ao individualismo, como tamanho da família, taxas mais altas de divórcio e tendências de emprego. Liderado pelos cientistas comportamentais Igor Grossmann e Henri C. Santos, a pesquisa encontrou que o individualismo se desenvolveu pela primeira vez na geração *Baby Boomer* e evoluiu com o aumento da riqueza e da educação nos Estados Unidos.

A expressão bem conhecida "se vira" ressalta as mensagens de individualismo em nossa cultura e nos leva a acreditar que devemos prover a nós mesmos, fazendo com que as pessoas acabem sofrendo porque acham que não podem pedir ajuda. Na melhor das hipóteses, podemos recorrer a um livro de autoajuda ou à internet em busca de respostas para nossos problemas. Por que achamos tão difícil recorrer às outras pessoas?

Quando eu estava no internato, os professores incentivavam os alunos a pedir ajuda, principalmente quando chegávamos à adolescência, quando a vida começa a ficar complicada. Eles diziam: "Só poderemos ajudar se soubermos que vocês estão com dificuldades."

Para que as pessoas possam ajudá-lo, precisam saber qual a sua necessidade.

Essa abertura fez com que falar quando as coisas não estavam indo bem fosse muito mais fácil para nós, estudantes. Mas nem sempre é fácil entender que a ajuda está ao alcance de nossas mãos. Muitos de nós temem ser rejeitados. Quando você se sente vulnerável e está passando por dificuldades, a última coisa que quer ouvir é: "Não, não posso te ajudar."

Mas anime-se. A realidade é que muitas pessoas gostam de ajudar os outros. Quando um amigo lhe pede algum conselho, você provavelmente se sente lisonjeado e quer fazer bonito, não é? Ajudar os outros faz com que a pessoa se sinta querida, necessária, e bem consigo mesma. Então, estenda a mão e tenha um pouco de fé.

ESSAS PESSOAS SÃO PESSOAS DE VERDADE

A dignidade nos empodera e nos permite reconhecer a humanidade do outro. Quando alguém age de maneira digna, sua atitude pode influenciar o modo como será tratado pelos outros.

O respeito anda de mãos dadas com a dignidade. Certa vez, minha mãe me contou a história de um açougue que existia na comunidade em que ela cresceu, em Soweto. A princípio, era um comércio comum, que vendia de tudo, de coxas de frango a costeletas de porco. O que o tornava especial, no entanto, eram as pessoas que trabalhavam lá. Cada pessoa que entrava pela porta — jovem ou velha, negra ou branca, rica ou pobre — recebia exatamente as mesmas boas-vindas.

Enquanto outros comerciantes da comunidade ignoravam as crianças pequenas e serviam os adultos primeiro, esse lugar em particular tratava a todos igualmente. Eles sorriam, olhavam cada cliente nos olhos e, com sincero interesse, perguntavam como tinha sido seu dia. Mesmo se a pessoa em frente ao balcão fosse uma criança, ela recebia o mesmo respeito que um idoso. Isso era muito incomum na época, mas as crianças rapidamente perceberam como eram tratadas enquanto faziam compras para os pais.

As pessoas começaram a ouvir falar da qualidade do atendimento nesse açougue e começaram a ir lá para ver por si mesmas. Elas iam gastar seu precioso dinheiro lá, no açougue onde o *ubuntu* fazia parte do serviço. Os clientes diziam: "Essas pessoas são pessoas de verdade", porque o proprietário e sua equipe incorporavam a filosofia *ubuntu* em cada interação humana.

Quando as pessoas têm o dom do *ubuntu*, elas mantêm esse padrão mesmo em dias ruins ou nas situações mais corriqueiras. Elas se respeitam. Respeitam os outros.

OLHE ALÉM DO RÓTULO

Quando tratamos os outros com dignidade e respeito, temos que tentar evitar rótulos a todo custo, pois eles reforçam preconceitos. Os rótulos nos classificam e nos subdividem em categorias, e podem ser difíceis ou impossíveis de eliminar. Uma pessoa é mais do que a sociedade "diz" que ela é.

Recentemente, nos Estados Unidos, a expressão "pessoa passando por um momento de falta de moradia" se tornou mais comum, em vez de "pessoa sem-teto". Qualquer um em situação de falta de moradia é, antes de tudo, uma pessoa. Ela não é definida por sua situação. A falta de moradia pode ser uma situação de longo ou curto prazo, mas não é o único aspecto que existe sobre ela.

O estigma também costuma vir associado aos rótulos. Sobreviventes de estupro ou abuso doméstico, por exemplo, costumam sentir vergonha de sua experiência, e ainda existe preconceito em várias partes do mundo em relação às pessoas que vivem com aids.

Ao descrever alguém, perceba o rótulo que coloca na pessoa — consciente ou inconscientemente — e o que isso pode significar para ela e, portanto, para você. Olhe além do que você pode ver à primeira vista.

A dignidade nos dá espaço para sermos nós mesmos. Isso significa que nos sentimos valorizados no mundo — valorizados pelo que acreditamos, pelo nosso trabalho dentro ou fora de casa e pelo nosso lugar na sociedade.

Muitas vezes, é uma vocação, paixão ou missão que nos oferece esse privilégio. Uma paixão ou vocação é uma bênção, mas, independentemente do que façamos, acreditar nisso e fazer com orgulho e com nossa máxima capacidade promove essa sensação de dignidade.

Ao longo dos anos, fiz negócios com a Virgin, uma empresa administrada pelo amigo de meu avô, o empresário Sir Richard Branson. Na Virgin, eles têm a seguinte filosofia quando se trata de seus funcionários: "Treine as pessoas o suficiente para que possam ir embora, e trate-as bem o suficiente para que não queiram sair." Seu *éthos* é proporcionar aos funcionários dignidade suficiente para que se sintam bem tratados e, como resultado, serão mais produtivos. E isso funciona. A Virgin Unite oferece aos funcionários a liberdade de trabalhar remotamente de onde quiserem — podem passar uma semana em Berlim ou Ibiza. Eles continuam a entregar um excelente trabalho onde quer que estejam, porque possuem a experiência necessária para realizar seu trabalho, além da confiança de seu empregador.

A PAZ QUE A DIGNIDADE PODE TRAZER

Às vezes, a essência do *ubuntu* e a dignidade que ele traz podem ser encontradas nos lugares mais inesperados. Quando adotamos o espírito do *ubuntu*, tudo é possível.

Após a crise do Ebola de 2014, em Serra Leoa, as famílias não tinham permissão para enterrar seus mortos. As autoridades estavam preocupadas com o contágio e com a disseminação da doença. No entanto, deixar os mortos desenterrados ou empilhados em valas comuns ia contra as crenças culturais. Também tornava ainda mais difícil suportar a dor de perder entes queridos. Isso fez com que as famílias escondessem os corpos de seus parentes ou tentassem enterrá-los em terrenos inapropriados. Então, instituições de caridade como a Cafod [Agência Católica para o Desenvolvimento Ultramarino, na sigla em inglês] entraram em cena para ajudar a organizar as equipes funerárias, para que as famílias pudessem enterrar seus entes queridos e, assim, permiti-los descansar com dignidade.[3]

A necessidade de dignidade também alcançou e reuniu líderes religiosos. Os padres trabalharam ao lado de imames (sacerdotes de religiões islâmicas) para organizar funerais adequados para as vítimas da doença. O sofrimento das famílias estava em primeiro lugar, e sua dor recebeu o espaço e a dignidade que merecia.

Ter dignidade na morte se tornou um grande problema para minha família quando o câncer de próstata do meu avô voltou e ele ficou gravemente doente. Ele não esperava viver por muito mais tempo. Meu avô achava que o fim estava próximo e foi muito enfático sobre suas crenças na manutenção da dignidade quando enfrentasse o dia de sua morte.

Para ele, não resta mais respeito próprio quando se está sofrendo insuportavelmente e chegando ao fim da vida, e, ainda assim, não há outra escolha senão continuar sofrendo. Felizmente, não era a hora de meu avô, e embora o câncer seja recorrente, ele continua combatendo a doença. No entanto, em 2016, em seu aniversário de 85 anos, ele escreveu um artigo sobre seu desejo de poder optar pela morte assistida quando chegasse a hora. Dois anos antes, ele também havia escrito para o jornal *The Guardian*: "Assim como lutei firmemente por compaixão e justiça na vida, acredito que as pessoas em estado terminal devam ser tratadas com a mesma compaixão e justiça quando se diz respeito à própria morte"[4].

A dignidade nos dá paz. Se um ente querido morre em circunstâncias dignas, podemos nos sentir consolados, sabendo que talvez ele tenha sofrido menos apesar de nossa dor.

Independentemente do que esteja acontecendo em sua vida, dar dignidade e ter respeito por si e pelos outros proporciona conforto e empoderamento. Isso pode fazer você se sentir melhor em tempos de incerteza e ajudá-lo a ter uma visão mais ampla — quando as pessoas têm sua dignidade, elas se sentem empoderadas, e pessoas empoderadas inspiram outras a se empoderar também. É o que todos nós merecemos.

Quando pedir ajuda parecer impossível, pense nisso:

1. **A maioria das pessoas adora ajudar os outros.** É lisonjeiro que nos peçam ajuda e, ao procurar auxílio, todo mundo se sente menos sozinho, porque todos nós — quem quer que sejamos — enfrentamos problemas na vida. Desafios e transtornos existem para todos os seres humanos que respiram, muitas vezes diariamente. Compartilhar nossas lutas faz parte de nossa humanidade.

2. **Saia de si mesmo.** Se você achar difícil pedir que alguém seja seu amigo, tente ser seu próprio amigo. Anote seu problema e imagine outra pessoa pedindo ajuda para resolvê-lo. O que você diria? Você também pode encontrar uma organização ou instituição de caridade que possa ajudá-lo. Os fóruns on--line também podem ser muito úteis, pois podem nos ajudar anonimamente quando não conseguirmos falar em voz alta sobre as dificuldades que estamos enfrentando.

3. **Saiba que você não está sozinho.** A não ser que você tenha vindo de outro planeta, não há um único ser humano que não tenha encarado um problema semelhante ao seu. A ajuda estará lá fora.

Do que você precisa para trazer dignidade ao seu dia? Todos os dias, a maioria de nós precisa comer alimentos saudáveis, fazer algum tipo de exercício (mesmo que seja só uma caminhada), sentir-se parte de uma comunidade ao conversar com outras pessoas e ter um propósito para se sentir melhor. Se não conseguirmos atender às nossas necessidades básicas, será mais difícil conseguirmos ter respeito e darmos dignidade para nós mesmos.

Reconheça o que faz você se sentir melhor ou pior. Quando a infelicidade se instala e você se sente insatisfeito com a vida, a sensação geralmente vem acompanhada de um sentimento de inquietação. Você pode acabar se afastando de si mesmo em busca de qualquer tipo de distração, muitas vezes alimentando hábitos prejudiciais. Na esperança de se animar, você pode se pegar comprando coisas que na verdade não consegue pagar, procurando um ex-parceiro na internet — alguém que você deveria evitar — ou rolando a tela das redes sociais sem pensar. Tudo isso para preencher um vazio. Reconhecer esses momentos e fazer um balanço de seu comportamento e das razões antes de fazer algo que depois o fará se sentir pior é essencial. Seja excluindo aplicativos das redes sociais do celular ou fazendo uma longa caminhada pela natureza, sair da situação pode, muitas vezes, proporcionar um alívio imediato.

Sua opinião sobre você mesmo é o que mais importa. Uma frase frequentemente atribuída à ex-primeira-dama dos Estados Unidos, Eleanor Roosevelt, diz que: "Ninguém pode fazer você

se sentir inferior sem o seu consentimento." É uma citação que pode ser encontrada nas paredes das escolas, por exemplo, com o objetivo de inspirar mentes jovens. No entanto, se você sofre de baixa autoestima, é muito difícil ter uma opinião favorável sobre si — é difícil não se sentir inferior.

Nossa voz interna geralmente reflete nossas experiências de vida. Se sua postura diante da vida geralmente é negativa e você vive esperando pelo pior, é muito mais provável que outras pessoas respondam negativamente a você, e sua experiência de vida também se torne negativa. Forma-se, então, um círculo vicioso. Por outro lado, se você gosta de si mesmo, é mais provável que veja o bem nos outros, e eles verão o bem em você. Todos nascemos com um propósito, antes mesmo que pessoas pudessem formar opiniões sobre nós. Cuide-se. Concentre-se em seus pontos positivos.

Aprenda uma nova habilidade. Conecte-se com pessoas que amam você.*

* www.mind.org.uk [Site em inglês.]

Para escapar do ciclo negativo de autocrítica:

1. **Reconheça que você está preso em um ciclo.** Seja criticando nossa aparência toda vez que nos olhamos no espelho (eu sou muito gordo/odeio essa papada/odeio meus dentes tortos), nosso papel na vida (meu trabalho é muito mal remunerado/estou entediado ficando em casa com as crianças/meu desempenho é baixo se comparado ao dos outros) ou nossa autoestima (ninguém gosta de mim/odeio ser ansioso), podemos conversar negativamente conosco sem perceber, e isso pode dominar nosso monólogo interno. Essa destrutiva conversa interior cria uma imagem de nós mesmos que é difícil de desfazer, a menos que reconheçamos que fazemos isso.

2. **Veja sua autoimagem negativa como uma chama.** Quanto mais você alimenta a chama (criticando a si mesmo), mais o fogo queima. É hora de diminuí-lo com uma conversa positiva. Olhe-se no espelho e escolha algo que você *goste* em si mesmo. Pense nas coisas adoráveis que seus amigos disseram sobre você no passado ou em um momento de sucesso em sua vida. Pequenos passos levam a passos maiores.

3. **Você tem o poder de interromper o ciclo.** Descubra seus gatilhos. Você se sente pior em determinados momentos do dia (na correria da manhã ou à noite, quando está cansado)? Nesse caso, mude sua rotina. Anote afirmações positivas (a minha favorita é "o que está por vir é melhor do que o que aconteceu") e as cole em volta de seu espelho para ler enquanto você se arruma de manhã; faça um diário de gratidão e escreva nele todas as noites antes de dormir; vá a pé para o trabalho por um caminho diferente para mudar de cenário ou vá a algum lugar diferente na hora do almoço. Até evitar pessoas que drenam sua energia é aceitável se você quiser quebrar seu ciclo. O simples fato de estar consciente de como sua realidade é distorcida pela negatividade pode ser o começo da mudança!

4. **Seja gentil consigo mesmo.** Sempre que eu me sentia mal ou falava de mim de uma maneira negativa, minha mãe dizia para eu ser gentil com a filha dela, porque ela a achava ótima. Agora, quando uma amiga fala mal de si mesma para mim, peço que ela seja gentil com minha amiga porque eu a acho ótima. Saia de si mesmo e veja o lado bom.

LIÇÃO 6

ACREDITE NO BEM QUE HÁ EM TODOS

"Acredito que cada um de nós é um santo até que se prove o contrário."

Arcebispo Desmond Tutu

"As pessoas são seres humanos, frutos da sociedade em que vivem. Você incentiva as pessoas vendo o bem nelas."

Nelson Mandela

Todos os dias, quando assistimos aos noticiários, entramos nas redes sociais ou folheamos um jornal, vemos as coisas terríveis que as pessoas são capazes de fazer. Nossa mente fica saturada de histórias de assassinatos, estupros, guerras, fome, pobreza e crise.

Coisas terríveis de fato acontecem, e tornam o mundo um lugar desafiador. Mas um número *muito maior* de boas ações é realizado pelas pessoas, embora raramente sejam relatadas. Todos os dias, em todos os lugares, são realizados um milhão de pequenos (e às vezes grandes!) atos de amor, devoção, abnegação e união, que sintetizam e celebram nossa humanidade. A questão é que boas notícias e pequenos atos de bondade não dão boas manchetes.

Minha mãe e meu avô sempre acreditaram muito na bondade inerente das pessoas. Eles *escolhem* buscar o bem fundamental da humanidade, e é muito mais provável que você o encontre se também escolher buscá-lo.

INDEPENDENTEMENTE DAS CIRCUNSTÂNCIAS, O BEM PODE PREVALECER

Há alguns verões, tive a oportunidade de viajar para a Palestina para conhecer algumas pessoas e ficar lá com uma família. Fascinada pelo Oriente Médio e triste pelas contendas que vivem, aproveitei a oportunidade para ir com um grupo formado principalmente por norte-americanos, além de alguns viajantes britânicos e sul-africanos, para aprender sobre essa região tão conflituosa. A humanidade que descobri em um lugar tão segregado me tornou mais humilde.

Eu e mais quatro pessoas ficamos com uma mulher chamada Salah e sua família. Ela foi a anfitriã perfeita, e nos recebeu de braços abertos. Teria sido fácil imaginar que Salah tinha uma vida despreocupada pela maneira como se comportava, mas entre chá e doces, com uma voz gentil, ela nos contou o que havia acontecido com a sua família.

Logo depois que Salah deu à luz seu primeiro filho, seu marido foi preso por dar comida a uma pessoa necessitada, que as autoridades erroneamente achavam estar envolvida com terrorismo. Ao longo dos anos, três de seus quatro filhos foram presos. Todos eles acabaram sendo libertados, mas não sem enfrentar uma batalha legal — e com a ajuda dos organizadores de nossa viagem em um dos casos.

Essa história era típica dos palestinos, que podem ser presos por todos os tipos de delitos — desde postar algo considerado impróprio no Facebook até fornecer comida a vizinhos suspeitos de qualquer tipo de transgressão.

O que me impressionou, depois de Salah terminar de falar, foi a luz e a bondade em seus olhos. A bondade inerente que irradiava de dentro dela não havia diminuído por causa de suas terríveis experiências. Ela buscava o bem em nós também. Ainda se importava profundamente com os outros, a ponto de permitir norte-americanos — cidadãos de uma nação que frequentemente ignora ou exacerba a opressão palestina — em sua casa. Ela ainda queria nos alimentar e cuidar de todos nós, compartilhando o pouco que tinha.

No geral, buscar o bem nos outros começa por encontrar uma simples conexão com a humanidade deles. Uma maneira de fazer isso é procurar por um interesse em comum. Isso pode parecer difícil, principalmente se você tiver opiniões diferentes ou se tiver outras razões para não gostar do outro.

"Quando você escolhe ver o bem nos outros, acaba encontrando o bem em si mesmo."

Anônimo

Nossos líderes e políticos ao redor do mundo têm o difícil objetivo de mediar a paz em países instáveis, da Síria à Irlanda do Norte. Encontrar deliberadamente alguém com quem você esteve em conflito, ou que tem crenças opostas às suas, provavelmente é uma das situações mais desafiadoras às quais um ser humano pode se encontrar. Talvez você tenha um bom motivo para pensar que ambos não tenham nada em comum.

Lorde Peter Hain, embaixador da Tutu Foundation, aprendeu a fomentar relacionamentos de confiança durante seu envolvimento nas negociações para acordo de paz na Irlanda, mesmo quando a segregação era profunda. Ele entendeu que a confiança é a base mais importante das relações humanas, e que ela precisa ser construída ou restaurada — dentro ou fora de um ambiente profissional — para que efetivamente trabalhemos com as pessoas.

Para lorde Hain, o segredo sempre esteve na tentativa de descobrir o ponto de contato humano que está além da "tensão política". Um dia, ele se viu conversando com o então líder do partido político Sinn Féin, Gerry Adams, sobre seu amor por arbustos e árvores — um assunto muito distante da batalha por uma Irlanda unida!

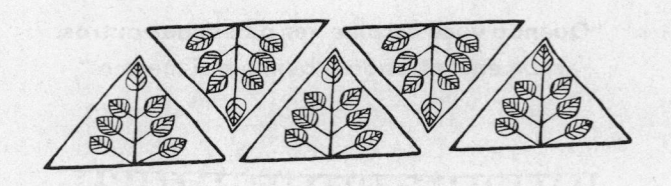

Todos nós compartilhamos certas experiências vividas: famílias, filhos, casas, lugares para os quais viajamos, animais de estimação ou hobbies. Escolher qualquer um desses assuntos para conversar ou fazer perguntas pode criar pontes, mesmo nas circunstâncias mais difíceis. O espírito do *ubuntu* entra em ação quando estendemos a mão a nossos semelhantes e encontramos laços em comum para curar o que foi rompido e segregado ou para construir novas conexões.

APRENDA COM NOSSAS CRIANÇAS

Crianças e jovens são os candidatos perfeitos para nos ensinar e inspirar a ver o bem inerente nas pessoas. Com sua energia natural, inocência e entusiasmo, elas geralmente aceitam melhor as pessoas e situações que os adultos.

Há pouco tempo, ouvi no noticiário uma história sobre uma menina de 7 anos chamada Anu, de Birmingham, Midlands Ocidentais. Ela havia acabado de ganhar uma nova prótese esportiva rosa, pois perdera uma perna logo depois de nascer. Ela já usava outro tipo de prótese, mas agora, pela primeira vez, voltava à escola com uma esportiva, de última geração.

Uma equipe de TV filmou a menina quando ela se juntou aos colegas no parquinho. Suas amigas olharam brevemente para a nova perna dela e gritaram "Uau!", impressionadas. Então, as crianças começaram a correr alegremente, aceitando sem problemas Anu e sua nova perna.[1]

"Quando vemos o rosto de uma criança, pensamos no futuro. Pensamos em seus sonhos, no que elas podem se tornar e o que podem realizar."

Arcebispo Desmond Tutu

Os jovens têm uma positividade e uma energia natural para conduzir nosso mundo em direção a coisas melhores. Eles são nosso futuro e, com uma boa educação, é possível mudar a maneira como vivemos para melhor. Essa é apenas uma das razões pela qual a Tutu Foundation trabalha principalmente com pessoas mais jovens.

A Fundação optou por trabalhar em áreas onde se sabe que os jovens enfrentam dificuldades. Procuramos partes do Reino Unido com altos níveis de pobreza e apatia nos jovens, de Londres a Newcastle. Queremos encontrar esses indivíduos com quem ninguém se esforça para criar um diálogo. Queremos tentar lhes dar voz e ouvir o que têm a dizer, uma vez que quase ninguém os escuta.

Até o momento, o programa atingiu centenas de crianças em todo o território e foi lançado em dez bairros diferentes de Londres. A Mesa Redonda *Ubuntu*, mencionada anteriormente, foi desenvolvida com a Tutu Foundation por um desses adolescentes, Blair, e seu amigo Mark.

A origem do projeto se encontra na adolescência de Blair e seus amigos, quando eles eram regularmente detidos e revistados pela polícia de Londres. Eles foram submetidos a análises psicológicas por policiais — que muitos classificaram como racismo institucional. Muitas vezes, eles eram alvos simplesmente por conta de sua aparência. Em vez de se sentirem devastados pelo ressentimento e pelo desespero, Blair e seus amigos conseguiram se reunir com um grupo de policiais para explorar suas diferenças e encontrar interesses em comum.

A Tutu Foundation ajudou a desenvolver essa ideia com eles, levando-a a Mesa Redonda *Ubuntu*, na qual grandes grupos de policiais e jovens se reuniram para ter uma oportunidade de conversar, analisar estereótipos do passado e se conectar.

Pedimos aos policiais que não usassem seus uniformes no evento e que fossem o mais abertos e honestos possível, porque queríamos que os jovens presentes os vissem como indivíduos, não como agentes ou figuras de autoridade. O objetivo era criar uma situação em que ambas as partes pudessem encontrar o "bem" no outro. Os dois lados precisavam ver o ser humano para além do uniforme ou do casaco com capuz — a essência do *ubuntu*.

DEPOSITANDO A FÉ NO *UBUNTU*

No início, todos os nossos jovens hesitavam em falar com as autoridades, de quem desconfiavam desde sempre. Então solicitamos o auxílio de jovens líderes que poderiam ajudar a construir pontes, e, nesse processo, muitos ficaram surpresos ao descobrir o que tinham em comum com os agentes. Muitos desses policiais haviam crescido em lugares precários como essas crianças e adolescentes, ou passado por gangues ou cometido crimes relacionados a drogas. Eles também contaram como era bom poder encontrar um espaço seguro para que a voz dos jovens fosse ouvida.

O objetivo era criar um fórum onde a polícia e os jovens pudessem ver o bem um no outro, e que os dois grupos levassem em conta a opinião de ambas as partes — uma mensagem que raramente ouviam da sociedade. A Mesa Redonda conseguiu exatamente isso. Os resultados dessa conversa entre a polícia e os jovens foram incríveis. Os adolescentes puderam compartilhar histórias de quando a polícia havia pegado pesado com eles e seus amigos, e de como não achavam que a polícia estava do lado dos jovens. Por ela, os policiais também compartilharam suas histórias pessoais.

Um deles fez um relato angustiante sobre a vez em que foi mandado sozinho à noite até uma casa para atender a um chamado de emergência. Lá, ele encontrou uma cena terrível: um apartamento coberto de sangue. Ele contou como aquilo foi a pior coisa que já havia vivido, como ficou abalado e não conseguia dormir.

Blair pôde ver nitidamente o quão traumatizado o policial havia ficado com a situação e como se sentia desconfortável falando sobre ela. Como resultado, enquanto os problemas subjacentes permaneciam, Blair conseguiu entender a humanidade do policial. "Os policiais são apenas seres humanos normais, com sentimentos. Eu pude ver como é difícil ser policial", ele me contou.

O policial em questão também compartilhou como a perspectiva de Blair abriu seus olhos. "Entendo por que algumas pessoas não querem falar comigo, dadas suas experiências anteriores", disse. "Agora entendo como é assustador ser jovem hoje em dia."

No geral, os policiais tiveram uma nova percepção sobre por que os jovens podem não querer parar e conversar com eles nas ruas.

Mas é realmente possível encontrar o bem em *todos*? Às vezes, pode ser bastante desafiador optar por ver os pontos positivos.

PROCURE O BEM E VOCÊ O ENCONTRARÁ

A extraordinária reação de Nelson Mandela em relação ao guarda carcerário de Robben Island está no coração do *ubuntu*. Christo Brand tinha apenas 18 anos e era pró-apartheid quando começou a trabalhar na ilha, na função de vigiar e manter Mandela preso.

No início, Brand tratava Mandela, então com 60 anos, como qualquer outro prisioneiro, mas logo percebeu que isso não era possível. Anos depois, Brand disse ao *Observer*: "Ele tinha os pés no chão e era gentil. Tratava-me com respeito, e meu respeito por ele aumentou. Depois de um tempo, mesmo sendo prisioneiro, uma amizade floresceu."

Essa crescente amizade, alimentada por entre as grades, mudou a vida de Brand. Mandela ainda o via como um ser humano, um homem que precisava de um emprego, mesmo que este o desumanizasse. Ele conversava com Brand respeitosamente, perguntava sobre sua vida e encontrou interesses em comum, até que, gradualmente, uma conexão muito improvável se desenvolveu. Quando Mandela foi libertado, os dois já eram muito amigos, e Brand havia mudado completamente seu ponto de vista sobre raça e apartheid. Tranquila e consistentemente, Mandela escolhera ver o bem no guarda.[2]

É preciso força e determinação para ver o bem em alguém que não conhecemos ou que suspeitamos que talvez não deseje o melhor para nós. Forçar-nos a procurar o bem em alguém exige caráter de verdade.

CONFRONTE SEUS VIESES

Os seres humanos são amaldiçoados com o viés da negatividade; nosso cérebro tende naturalmente a focar no lado negativo. Para superar isso, podemos decidir questioná-lo.

Um famoso provérbio iorubá diz: "Se você prejudica o caráter do outro, prejudica o próprio caráter." Ou seja, quando criticamos e julgamos os outros, também nos machucamos.

Meu avô ficou horrorizado com alguns relatos de crimes que ouviu quando era presidente da TRC, mas isso não o impediu de acreditar no lado bom daquelas pessoas. Ele acreditava que negros e brancos estavam sofrendo, que ninguém havia sido poupado, e escolheu reconhecer que as pessoas estavam dando seus testemunhos pelo bem maior da nação, por mais difícil que fosse ouvi-los.

Ele acreditava que uma pessoa não era definida pela pior coisa que já fizera na vida, e que ninguém nasceu para odiar ninguém. Todos são capazes de fazer coisas ruins, todos temos o bem e o mal em nós — a luz e a escuridão. *Ubuntu* é quando escolhemos fazer o bem.

No dia a dia, quando escolhemos ver o bem ou o mal em alguém, nossa decisão frequentemente é refletida para nós, qualquer que seja. Se você atacar, provavelmente será atacado. Se abordar alguém com bondade e amor, acreditando que o sentimento será retribuído, é muito mais provável que isso aconteça.

Os psicólogos chamam isso de Sistema Ativador Reticular Ascendente (SARA), uma pequena parte do cérebro próxima ao topo da coluna vertebral, que, entre outras coisas, nos ajuda a direcionar nossa atenção.[3] Se focarmos em algo específico — algo negativo, por exemplo —, encontraremos mais coisas negativas. Se focarmos em algo positivo, por outro lado, encontraremos mais coisas positivas. Se acreditarmos que os jovens que usam moletom com capuz são um problema, por exemplo, nosso SARA buscará evidências disso.

Imagine que você concorda com essa crença: que a maioria dos jovens que usam moletom com capuz é um problema. Agora, imagine que você vê um ciclista de capuz pedalando na calçada perto de você. Talvez uma onda de pensamentos ruins comece a invadir por sua mente. Por outro lado, quando decidimos procurar o bem nas pessoas, podemos começar a pensar diferente. Podemos pensar que o jovem está tentando pedalar com mais segurança, porque o trânsito está muito intenso naquele trecho particularmente movimentado da rua. Também podemos notar que ele diminuiu a velocidade para nos deixar passar. Podemos até imaginar que ele está indo comprar alguma coisa para um parente idoso. Também podemos ir além, a ponto de fazer contato visual e perceber que ele nos agradece por sairmos do caminho. Podemos instilar crenças mais gentis se escolhermos procurá-las. Quanto mais fizermos isso, mais treinaremos nosso SARA para encontrar o bem nas pessoas.

O *ubuntu* nos lembra de tentar fazer isso em todos os aspectos de nossa rotina. No trabalho, isso pode nos ajudar a lidar melhor com os colegas. Focar os pontos fortes e os talentos dos colegas de trabalho promoverá uma cultura empresarial positiva, na qual todos poderão prosperar. Será muito mais provável que você se destaque em seu cargo se seu chefe acreditar em você, em vez de procurar seus erros e tentar pegá-lo no pulo. Em casa, se você acreditar em seus filhos e os recompensar por um bom comportamento, será mais provável que eles se comportem bem.

O *ubuntu* nos ensina a não nos sentir ameaçados pelo bem que há nos outros. Devemos buscá-lo e incentivar as pessoas a brilhar. Dessa forma, estimularemos o que há de melhor nos outros e em nós mesmos.

Antes de qualquer coisa, veja o bem em si mesmo. É lógico que se nos censurarmos constantemente, será mais provável que ajamos da mesma forma com outras pessoas. Quando criticamos alguém por fazer algo em particular, inconscientemente estamos nos julgando, porque provavelmente se trata de algo que também fazemos. Podemos olhar para alguém e silenciosamente criticar sua roupa, por exemplo, porque não nos sentimos bem com o que estamos vestindo. Podemos julgar alguém pela maneira como fez um discurso, porque, no fundo, sabemos que ficaríamos apavorados se tivéssemos que falar para uma multidão. Aproveite a oportunidade para se entender e se perguntar se isso não estaria refletindo algo que você não gosta em si mesmo.

Pense em alguém que você conhece, mas não gosta. Pode ser um vizinho que ouve música alta ou um ex-companheiro que não o tratou bem. Talvez seja alguém que não lhe devolveu o dinheiro que você emprestou. Então, pergunte-se: "Essa pessoa foi sempre assim?"; "O que a fez se comportar dessa maneira?" Talvez o vizinho esteja passando por um momento difícil e não consiga levar os sentimentos dos outros em consideração. Ou seu ex agiu mal porque estava passando por dificuldades no trabalho ou tinha que cuidar de um pai idoso.

Se pegarmos leve e fizermos perguntas significativas, começaremos a nos sentir de outra maneira em relação aos outros. Ter empatia em nossos relacionamentos é melhor para nós, e é mais provável que assim criemos vínculos com as outras pessoas. Agir com raiva libera uma energia que coloca as pessoas na defensiva. Nada de bom pode sair disso.

Sorria. Um sorriso anseia pelo melhor nas pessoas. É um ato tão pequeno, mas é muito poderoso e, no geral, faz com que também nos sintamos bem. Pense em Mandela, no meu avô, em Obama e outros grandes líderes; todos eles têm muitos pontos fortes em comum, mas o grande sorriso deles é algo em particular. Sorrir passa a mensagem de que somos acessíveis, amigáveis e que queremos nos conectar. Normalmente, o sorriso é contagiante e é refletido de volta para nós, deixando todos à vontade.

LIÇÃO 7

ESCOLHA ESPERANÇA EM VEZ DE OTIMISMO

"*Devemos aceitar decepções fini-tas, mas não perder a esperança infinita.*"

Martin Luther King Jr.

Quando falamos mantendo o *ubuntu* em mente, as palavras que escolhemos pronunciar são importantes. Certa vez, meu avô disse que a palavra "esperança" é muito mais poderosa que a palavra "otimismo". Vamos dar uma olhada nas definições das duas.

"Esperança" significa "sentimento de quem vê como possível a realização daquilo que deseja; confiança em coisa boa; fé", enquanto o significado de "otimismo" é "disposição para ver as coisas pelo lado bom e esperar sempre por uma solução favorável, mesmo nas situações mais difíceis".

"Esperança é poder ver que existe luz, apesar de toda a escuridão."

Arcebispo Desmond Tutu

"Esperança" requer confiança e fé. Nesse contexto, a fé não precisa necessariamente ser do tipo religiosa. Podemos ter fé nas outras pessoas ou em nossas habilidades; nos entes queridos, em nós mesmos, em nossos médicos ou colegas. Ter esperança significa que não desistimos. É uma sensibilidade, uma energia interior que explica nossa vida. Vivemos na esperança e nos apegamos a ela. Muitas vezes, quando as pessoas perdem a esperança, significa que desistiram de tudo.

O otimismo, por outro lado, é uma emoção, e as emoções vêm e vão. O otimismo pode se transformar em pessimismo quando as coisas ficam difíceis, porque ele se baseia nas circunstâncias. Não dizemos "onde há vida, há otimismo"; dizemos "onde há vida, há esperança".

Meu avô teve esperança durante o pior momento da luta contra o apartheid. É provável que o otimismo desapareça quando uma pessoa está em um lugar mais sombrio, enquanto a esperança é uma luz que brilha forte e nos faz seguir em frente mesmo diante das adversidades.

Dizemos "não perca a esperança" mesmo nas situações mais desesperadoras, porque todos nós já ouvimos histórias que desafiaram todas as probabilidades. Todos nós já vimos isso acontecer. Pode ter acontecido com um ente querido que superou um diagnóstico de uma doença terminal ou com uma amiga infértil que acabou concebendo um bebê. Todos nós já assistimos a documentários sobre realizações incríveis de resistência humana, de sobreviventes que se recusaram a desistir ou de pessoas que lutaram por justiça.

O *ubuntu* reconhece que a vida nem sempre é fácil. De forma mais realista, ele nos diz que mesmo quando estamos sofrendo, na escuridão, e os tempos são muito difíceis, ainda somos humanos merecedores de luz. Independentemente de quem sejamos. E se buscarmos inspiração em outro lugar e abrirmos nosso coração para os outros, é muito mais provável que a encontremos.

A FORÇA DA ESPERANÇA

Durante muitos processos políticos, principalmente os que tentam intermediar acordos de paz, a esperança é algo em que todos precisam concordar em acreditar. No início do processo, quando as partes em conflito parecem não ter nada em comum, a esperança é, com frequência, tudo que existe. A esperança de que esse momento também vai passar.

Lorde Peter Hain me disse que durante o processo de paz na Irlanda do Norte, o então primeiro-ministro Tony Blair tinha uma "crença absolutamente inabalável" de que a situação poderia e tinha de ser resolvida. Blair fez da busca pela paz na Irlanda do Norte uma prioridade desde seu primeiro dia no cargo, em maio de 1997. Sem dúvida, essa esperança teve um papel importante no sucesso do Acordo de Belfast.

Em menor escala, as pessoas comuns que expressam sua esperança podem inspirar outras a persistir na tentativa de criar um futuro que valha a pena. Em 1992, durante o conflito nos Bálcãs, os irmãos escoceses Magnus e Fergus MacFarlane-Barrow tiveram a ideia de organizar uma ação para arrecadar cobertores e alimentos para ajudar o povo da Bósnia-Herzegovina. Magnus e vários voluntários levaram os suprimentos para Medjugorje, a região mais carente. Quando ele voltou para seu lar, em Argyll, ainda havia doações chegando. Surpreendentemente, Magnus nunca voltou ao seu trabalho como criador de peixes. Em vez disso, seu trabalho prestando auxílio em diferentes partes do mundo cresceu.

Em 2002, Magnus conheceu uma família em Malawi cujas próprias esperanças e os próprios sonhos criaram a oportunidade de mudar milhares de vidas. Em uma cabana, sentado no chão, Magnus conheceu Emma, uma mãe que estava morrendo em decorrência da aids, com seus seis filhos sentados ao seu redor. Magnus perguntou ao filho mais velho, Edward, que esperanças tinha na vida. Edward respondeu: "Ter o suficiente para comer e frequentar a escola um dia."

Essas "esperanças" ficaram na mente de Magnus. Ele não desistiu da própria esperança de propiciar uma vida melhor às pessoas que conhecera, porque elas não haviam desistido de si mesmas. Duzentas crianças em Malawi começaram a receber diariamente um almoço escolar nutritivo ainda naquele ano, graças a Magnus e seu trabalho. Agora, 17 anos depois, o Mary's Meals é uma instituição de caridade global, que fornece refeições diárias para mais de 1,4 milhão de crianças em 18 países diferentes.[1]

Durante os piores momentos, a esperança é, geralmente, a única coisa que resta, e pode ser a diferença entre a vida e a morte. Nelson Mandela passou 27 anos na prisão como preso político, na famosa ilha Robben, em péssimas condições. Enquanto ele estava encarcerado, sua mãe morreu e seu filho faleceu em um acidente de carro. Ele não teve permissão para ir ao funeral de nenhum dos dois. Mandela vivia em uma cela apertada, de 2 x 2,5 m, e só podia sair para realizar o pesado trabalho nas pedreiras. Ele era intimidado pelos guardas e sofreu danos na visão devido ao brilho do sol refletido nas rochas. No entanto, ele nunca perdeu a esperança.

Mandela é lembrado por muitas coisas, mas a esperança é uma de suas características mais marcantes. Em cartas para sua esposa, Winnie, Mandela falava sobre seus sentimentos em relação ao assunto: "Lembre-se de que a esperança é uma arma poderosa, mesmo quando todo o resto está perdido." Após a morte de Mandela, em 2013, Barack Obama disse que ele lhe havia ensinado "o que os seres humanos podem fazer quando são guiados por suas esperanças, e não por seus medos".

Independentemente de quem somos e do que queremos alcançar na vida, teremos uma experiência melhor se seguirmos nossas esperanças (e sonhos), em vez de sermos paralisados pelo medo.

ALIMENTE A ESPERANÇA EM SUA VIDA

A esperança surge quando convidamos o *ubuntu* para a nossa vida. Assumimos uma postura esperançosa porque os outros nos inspiram a buscar o lado positivo das coisas. Essa é uma parte fundamental e natural do ser humano. Para onde quer que olhemos, veremos exemplos cotidianos da esperança em ação. Nós nos casamos porque acreditamos no amor e temos a esperança de que esse relacionamento dê certo. Temos filhos na esperança de que eles possam sobreviver, crescer até a idade adulta e viver felizes. Quando fazemos uma obra de caridade, esperamos fazer a diferença no mundo.

Fazer um esforço para nutrir nossa tendência humana a sentir esperança é uma maneira poderosa de ajudar a alcançar nossas ambições na vida. Como em todos os objetivos que almejamos, haverá desafios. Nenhum caminho corre sem obstáculos. São nesses momentos que nossa determinação é testada, mas, se acreditarmos na esperança, ganharemos resiliência.

A Dra. Valerie Maholmes, do Yale Child Study Center, revelou que crianças em situação de vulnerabilidade que conseguiram obter sucesso na vida tinham um fator em comum: a esperança. No estudo, sucesso incluía desempenho acadêmico ou superação de barreiras econômicas, sociais e de saúde, como arranjar emprego remunerado, não entrar em gangues ou cuidar de questões de saúde. Ela descobriu que, quando as crianças lançavam mão de estratégias como aprender a lidar com emoções difíceis e fazer terapia, eram mais propensas a prosperar e ter sucesso na vida adulta. É mais provável que procuremos e encontremos uma solução quando estamos tomados pela esperança. Ela nos impulsiona para a frente, mesmo quando temos vontade de desistir, e quando esperamos por algo melhor, isso nos impulsiona a tentar alcançar essa meta.[2]

Como Mandela reconheceu por meio da própria experiência, a esperança também funciona em condições extremas. Pode ser a perda de um ente querido ou de um emprego, a doença de um filho ou até a perda de nosso modo de vida e de nossa liberdade.

Em 1985, Anthony Ray Hinton foi preso por vários assassinatos e roubos em Birmingham, Alabama, nos Estados Unidos. Entretanto, havia sido um esquema armado pela polícia. Em seu julgamento, as evidências foram retidas e ele foi preso e deixado no corredor da morte, na solitária, durante trinta anos, apesar de ser inocente.

Hinton descreveu a prisão — que havia se tornado sua casa — como um inferno na Terra. Os homens dividiam as celas com ratos e baratas, recebiam muito pouco para comer e só podiam sair durante 15 minutos por dia. Do outro lado do corredor, eles ouviam o som da morte, e sentiam seu cheiro quando seus vizinhos ou colegas de cela, um a um, eram queimados vivos na cadeira elétrica.

Era um lugar onde muitos homens rapidamente perdiam toda a esperança. Suicídios eram comuns, ou os homens desistiam e sucumbiam a problemas de saúde mental. Hinton se manteve firme. Ajudado por um amigo que nunca deixava de visitá-lo uma vez por semana, e pela crença de que um dia a verdade prevaleceria, ele nunca perdeu a esperança.

Trinta anos depois de ser preso injustamente e deixado no corredor da morte, Hinton foi inocentado. Ele foi solto no dia 3 de abril de 2015. A esperança e a justiça prevaleceram. Em suas memórias, publicadas logo após sua libertação, ele escreveu: "O desespero era uma escolha. O ódio era uma escolha. A raiva era uma escolha. Eu ainda tinha escolhas, e saber disso me abalou... Eu poderia escolher entre desistir ou continuar. A esperança era uma escolha. A fé era uma escolha. E, mais do que qualquer coisa, o amor era uma escolha."[3]

PROJEÇÃO DE POSSIBILIDADES

Quaisquer que sejam as circunstâncias, sempre podemos escolher a esperança. A esperança em um futuro melhor pode ajudar a fazer com que nossas dificuldades atuais pareçam passageiras.

Essa capacidade de projetar o futuro é um componente essencial do poder da esperança. Quando não há mais nada a ser feito para melhorar sua situação, você pode pelo menos se permitir *imaginar* as coisas dando certo. Essa energia positiva pode começar a diminuir a turbulência. Permitir-se imaginar o melhor cenário, em vez do pior, traz alívio. A esperança cresce se você lhe der atenção, mas pode morrer se a sufocar de pensamentos negativos ou cinismo.

Bryan Stevenson é um advogado que trabalha incansavelmente com detentos nos Estados Unidos por meio de sua instituição sem fins lucrativos, a Equal Justice Initiative. Em seu livro, *Compaixão: uma história de justiça e redenção*,[4] ele fala sobre a importância da esperança contra as piores probabilidades. Ele diz que muitas vezes menciona Václav Havel, o líder tcheco que disse que as pessoas que lutaram na Europa Oriental durante a era soviética precisavam de "esperança". Havel mencionou que as pessoas queriam coisas como independência, dinheiro e apoio do mundo exterior, mas a esperança era o que elas tinham, e foi isso o que fez toda a diferença.

"Não daquele sonho impossível", escreveu Stevenson. "Não da prevalência do otimismo sobre o pessimismo, mas de uma 'orientação do espírito'. O tipo de esperança que cria disposição para se posicionar em um lugar cheio de desesperança e ser testemunha, o que permite acreditar em um futuro melhor, mesmo diante do abuso de poder. O tipo de esperança que fortalece a pessoa."

O *ubuntu* nos ensina que o poder da esperança também é contagioso. Se nossa família ou amigos estão sofrendo, podemos conversar com eles, munidos de esperança, para ajudá-los. É mais do que simplesmente ver o lado positivo; é garantir que temos fé de que as coisas vão melhorar.

A esperança está disponível para todos nós — basta procurarmos.

O que fazer quando toda esperança parecer perdida. A vida nos testa, às vezes além de nossas capacidades. Principalmente quando estamos cansados, com fome, indispostos ou nos sentindo sozinhos, os problemas podem parecer devastadores. Para sobreviver a esses momentos, é preciso encontrar a esperança de novo e aceitar os conceitos do *ubuntu*. Aqui vão algumas ideias para quando a desesperança tomar conta de você.

1. **Aceite a situação.** Se é assim que você está se sentindo, então, honre seus sentimentos. Chore e libere suas emoções. O *ubuntu* diz que precisamos cuidar de nós mesmos e ser honestos em relação aos nossos sentimentos. Isso ajuda a identificar por que estamos nos sentindo sem esperança. É por causa de um problema recente? Ou por causa de uma situação difícil que já dura algum tempo? Seja o que for, dar nome às razões de seus sentimentos o ajudará a liberá-los.

2. **Tome uma atitude.** Alguns usam a palavra "chafurdar" para essa situação, mas a desesperança pode facilmente parecer uma espiral que nos suga e da qual é impossível sair. Você se sente letárgico, desmotivado e desesperado. Ouça sua voz interior. Talvez surjam frases como "Mas eu não consigo", "Não faz sentido" ou "Eu já tentei". O primeiro passo é mudar essas palavras e transformar tudo de negativo em positivo. Diga estas novas frases em voz alta: "Eu consigo", "Eu não desisto" e "Vou tentar novamente". Todas elas mandam uma mensagem poderosa para o nosso inconsciente.

3. Viva no presente. Faça algo para se sentir melhor fisicamente, mesmo se estiver vivendo uma luta em sua mente — o corpo e a mente estão ligados. Uma caminhada longa e vigorosa, ligar para um amigo otimista, comer comidas saudáveis... são pequenas coisas que podemos fazer para ajudar a transformar nossas preocupações imediatas. Preocupar-se é desejar o que você não quer que aconteça, portanto, não sofra com o futuro. Foque no presente. Faça qualquer coisa que tire você de si mesmo, ainda que só por alguns instantes.

4. Faça uma lista da gratidão. O *ubuntu* nos mostra que todos temos algo pelo qual agradecer; então, agora é a hora de examinar as coisas boas detalhadamente. Talvez você seja grato por sua saúde física, sua família, seus amigos atenciosos, a deliciosa xícara de café que está bebendo. Cite as coisas que o fazem se sentir bem agora. Esse exercício mudará sua disposição e sua energia rapidamente.

5. Estabeleça metas. Se você chegou ao ponto da desesperança, precisa trabalhar todos os dias para superar esse sentimento. Saia da inércia definindo novos objetivos e comece com metas pequenas — passos progressivos e fáceis de alcançar. Se você perdeu o emprego, comece consultando contatos confiáveis para pedir conselhos; e depois, procure anúncios de emprego antes de se candidatar a algum cargo.

Se seu parceiro ou sua parceira terminou com você, dê um tempo a si mesmo para se lamentar e conversar com um conselheiro ou amigo. Permita-se ter espaço para se curar antes de pensar em entrar em um novo relacionamento. Se você está incomodado por ter ganhado peso, escolha um aplicativo de exercícios simples para inspirá-lo, aumente a quantidade de atividade física que faz todos os dias, arranje um amigo para treinar com você e procure um plano alimentar para ajudá-lo a fazer uma transformação maior. Pequenos passos ajudam a esperança a ganhar impulso.

6. **Encontre sua fé.** Esse pode ser um objetivo de longo prazo que se transforma com o tempo. Não precisa ser uma fé religiosa, mas ter fé em algo em que possamos confiar é uma coisa da qual *todos* precisamos. Pode ser fé em suas habilidades ou em suas escolhas. Você pode pôr sua fé em correr diariamente para melhorar sua saúde mental ou em comer alimentos nutritivos para ter energia ao longo do dia inteiro.

Transforme algumas dessas ideias repletas de esperança em uma nova rotina diária. Elas o fortalecerão e lhe darão força e esperança interiores quando as coisas ficarem difíceis.

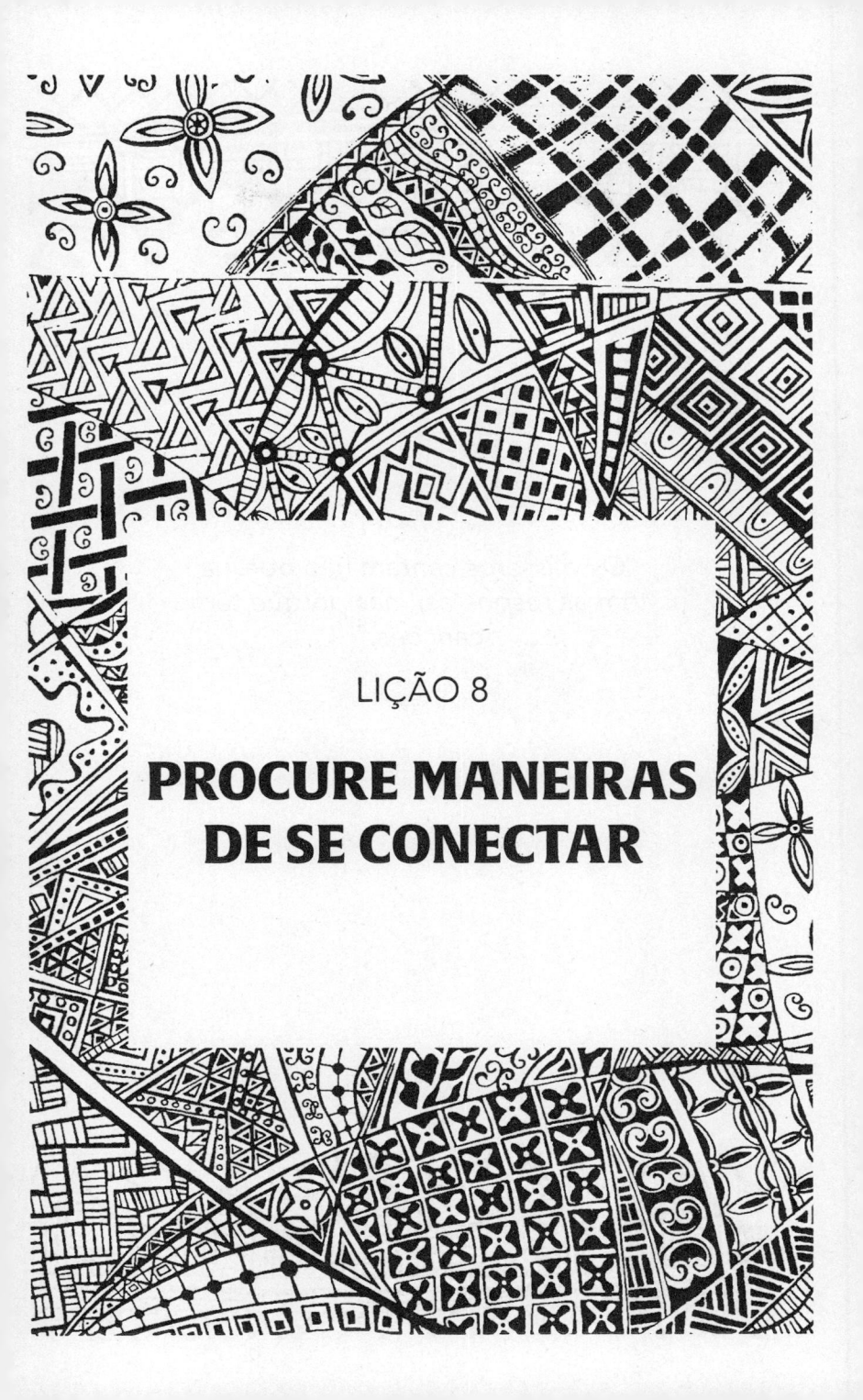

LIÇÃO 8

PROCURE MANEIRAS DE SE CONECTAR

"Os pássaros cantam não porque têm as respostas, mas porque têm canções."

Provérbio africano

É da natureza humana se sentir desconectado da vida às vezes. Os sentimentos de isolamento, apatia ou solidão por vezes podem tomar conta de nós. Principalmente quando estamos estressados, cansados ou ansiosos. Em vez de nos esconder, o *ubuntu* diz que devemos procurar a humanidade durante os momentos de dificuldades e nos permitir ser confortados por ela. E há muitas maneiras de fazer isso.

A arte é uma maneira de entrarmos em um estado de espírito diferente. O desejo humano de ser ouvido e de se comunicar por meio de variadas formas de arte remonta à Idade da Pedra. Alguns dos primeiros desenhos são de 40.000 a.C., quando eram desenhadas formas e figuras de animais. Uma imagem especialmente relevante, contendo muitas marcas de mãos, foi encontrada na parede de uma caverna perto de Perito Moreno, na Argentina, e parecem mãos do passado acenando para nós. É uma ideia bonita.

Arte, música e literatura feitas por outros seres humanos, assim como a beleza da natureza, podem elevar nosso espírito e fazer com que nos sintamos ouvidos, compreendidos ou renovados. Muitas formas de arte podem inclusive articular sentimentos que achamos difíceis de verbalizar. Você já esteve diante de uma pintura e ficou impressionado com o que ela o fez sentir? Ou leu uma citação inspiradora e se sentiu tocado pelas palavras? Ou ouviu alguma música e sentiu seu espírito se elevar? Às vezes, precisamos olhar para além de nossa zona de conforto para nos reconectarmos com as coisas importantes.

Em 1999, Dumi Senda saiu do Zimbábue para trabalhar no Reino Unido como líder de jovens, mas ele também adorava escrever poesia, principalmente sobre *ubuntu*. Com medo de ser ridicularizado, ele nunca mostrava o que escrevia a ninguém, e guardava tudo escondido debaixo de sua cama.

Cinco anos depois de chegar ao Reino Unido, Dumi enfrentou o estresse de não saber se seu visto seria renovado. Deprimido e isolado, ele passou a ficar em casa à espera de notícias, mergulhando na escrita. Durante esse período difícil, ele ouviu falar de uma reunião de negócios do Zimbábue realizada perto de sua casa em Londres e, por um acaso, Dumi perguntou se poderia participar. Quando lhe perguntaram qual era seu negócio, ele admitiu que não tinha nenhum, mas confessou que escrevia poesia. Para sua surpresa, o organizador o convidou para representar as indústrias criativas.

"A arte é o esforço constante do homem para criar uma ordem de realidade diferente daquela que lhe é dada."

Chinua Achebe

Dumi concordou, mas imediatamente se arrependeu. Ele nunca havia mostrado sua poesia a ninguém, muito menos lido em público. E se as pessoas rissem dele? E se ele fosse humilhado? Apesar de seus receios, ele foi adiante, tremendo de nervosismo diante da multidão enquanto lia suas palavras.

A resposta do público foi muito além de seus sonhos mais loucos. As pessoas não apenas o aplaudiram como também se aproximaram dele depois para parabenizá-lo e incentivá-lo a continuar. A injeção de confiança que foi compartilhar sua poesia fez com que ele se sentisse conectado de uma maneira que nunca havia experimentado antes. As conexões vêm da vulnerabilidade, e Dumi aceitou a sua quando decidiu compartilhar a arte que guardava em seu coração.

Dumi continuou escrevendo e, poucos anos depois, sua obra foi publicada. Agora, ele é um poeta aclamado internacionalmente e até se apresentou em uma homenagem a Mandela, a convite da BBC, além de ter sido palestrante convidado nas Nações Unidas. Graças a essa única oportunidade que corajosamente buscou, ele descobriu que sua arte era boa o bastante para ser compartilhada. As recompensas foram transformadoras.

A ALEGRIA DE ESTAR JUNTO

Está provado que melodias e canções ajudam a nos sentir unidos, além de serem boas para a saúde. Em nenhum momento isso é mais evidente do que quando se trata de cantar em um coral. Estudos científicos mostram que cantar em um coral é benéfico tanto psicológica quanto fisicamente.[1]

Várias pesquisas já revelaram que esse ato eleva os níveis de oxigênio em nosso corpo, aumenta a imunidade, reduz a pressão sanguínea, regula hormônios e pode até ajudar o cérebro afetado por um AVC a se curar.[2] Um estudo da Universidade de Oxford descobriu que participar ativamente da performance musical também libera endorfinas, que elevam nosso limiar de dor.[3]

Essa é uma das razões pelas quais participar de um coral é recomendado para pessoas que sofrem de algum problema de saúde mental. A música é uma maneira de transmitir emoções, e cantar em uníssono ajuda a nos relacionarmos em um nível primevo, aumentando sensações de inspiração e felicidade.[4] Mesmo assistindo a um show ao vivo, os membros da plateia se sentem como um só, porque todos curtem o momento juntos. É o *ubuntu* — um senso de comunidade — na forma de entretenimento e alegria.

O esporte é outra força unificadora ao redor do mundo, e o futebol é o mais popular. Globalmente, estima-se que quatro bilhões de pessoas torcem ou assistem a jogos de futebol, cujas origens remontam à China do século II.

Assim como na música, o fator do bem-estar é a razão da popularidade dos esportes. Ser torcedor de uma equipe torna você membro de uma comunidade, e instantaneamente fornece uma sensação de pertencimento. Um estudo realizado por pesquisadores da Universidade de Nottingham Trent perguntou a quatro mil pessoas quão conectadas elas se sentiam a comunidade local e à família. Houve uma ligação nítida entre os níveis de felicidade e pessoas associadas a outros grupos,[5] como uma equipe esportiva ou um coral.

O esporte também pode transcender gerações, já que o amor por um time, geralmente, é compartilhado pela família — transmitido dos avós aos netos — e é uma constante na vida das pessoas. Você pode torcer por um time da infância à idade adulta. Existem poucas outras coisas na vida que duram tanto tempo. Ou você pode ser como minha família e curtir uma competição saudável; cada um de nós torce por um time diferente na Premier League! Mas, para nós, isso significa conexão.

Particularmente para os homens que são fãs de esportes, jogos podem ser um meio importante de expressar emoções.[6] O Dr. Alan Pringle, da Universidade de Nottingham, conduziu um estudo com torcedores de um clube inglês e confirmou o caso. Em um artigo publicado no *Huffington Post*, ele escreveu: "O futebol oferece um espaço seguro, onde expressar emoções é aceitável (inclusive chorar ou abraçar outros homens!)."[7] A desvantagem é a decepção quando seu time perde, mas, quando ganha, você compartilha uma vitória. Torcer a plenos pulmões é um alívio como nenhum outro.

Torcer por um time também dá às pessoas a sensação de ter mais gente ao seu lado, e é por isso que a decisão de Nelson Mandela de torcer pelo Springboks foi histórica. Pouco depois de se tornar presidente, Mandela usou a final da Copa do Mundo de Rugby de 1995 — o primeiro grande evento esportivo a ocorrer na África do Sul após o fim do apartheid — para fazer um grande avanço com sul-africanos brancos radicais.

A partida foi entre o Springboks, da África do Sul — amplamente visto como elitista e branco — e o All Blacks, da Nova Zelândia, no Ellis Park, em Joanesburgo. Na época, a camisa verde e amarela do Springboks era vista como um símbolo de privilégio e opressão em relação aos negros, e bastante odiada. Como o rugby era considerado um esporte africânder, alguns sul-africanos negros fizeram questão de torcer para o time adversário. Então, o que Mandela fez foi inspirador.

Quando a África do Sul venceu a partida, Mandela vestiu a camisa e o boné do Springboks enquanto caminhava para o campo para entregar a taça ao capitão do time, François Pienaar — um africânder branco de cabelos louros. O olhar no rosto de Pienaar foi de espanto, e lágrimas encheram seus olhos. A multidão branca africânder foi à loucura, ovacionando seu antigo inimigo ao vê-lo vestindo sua camisa. A mensagem de Mandela foi alta e em bom som; ele estava em harmonia com todos, inclusive com seus opressores do passado. Sua escolha de usar aquela camisa mostrou *ubuntu*.

A imagem de Mandela vestindo a camisa do time foi transmitida para o mundo inteiro. Foi uma partida que uniu os dois lados do país e ajudou a curar as feridas profundas da Nação Arco-Íris.

A CHAVE DA CONEXÃO É A EDUCAÇÃO

Ler livros nos conecta a ideias e conceitos maiores e nos ensina sobre o mundo em geral. Nas obras literárias, podemos perceber que as mesmas características humanas e problemas que enfrentamos hoje foram experimentados séculos atrás. Isso é profundamente reconfortante. Seja aprendendo sobre o amor com as obras de Jane Austen, de 1800, ou conhecendo a traição em *Hamlet*, de Shakespeare, escrito por volta de 1600, a literatura nos ensina sobre a condição humana. Alerta de spoiler: nada mudou muito.

Os livros mais populares são adorados porque atravessam o espaço e tempo e "falam" conosco, quem quer que seja o seu leitor. Quando pegamos um bom livro, é difícil largá-lo, porque a sensação de sermos entendidos e de estarmos conectados a uma história poderosa é viciante — e queremos consumir mais.

Os livros nos ajudam a entender os outros e a entender nossa vida.

"A educação é a arma mais poderosa que podemos usar para mudar o mundo", disse Mandela.

A Lapdesk Company foi fundada por Shane Immelman e faz parte de um projeto para incentivar o aprendizado no continente africano. Mais de 95 milhões de crianças em escolas de toda a África não têm acesso a uma carteira escolar, e as mesinhas portáteis (ou *lapdesks*) fabricadas por essa empresa são feitas com materiais duráveis e recicláveis, e projetadas para durar durante toda a vida escolar de uma criança.

"É o contador de histórias que nos torna quem somos, os criadores de histórias".

Chinua Achebe

Em 2008, essas mesinhas passaram a se chamar Tutudesk, quando meu avô se tornou patrono da empresa e prometeu fornecer vinte milhões de mesas por todo o continente até 2025. As Tutudesks ajudam a unir e conectar turmas de alunos, onde quer que estejam, permitindo que as crianças se sentem em qualquer lugar e tenham uma aula funcional. Elas facilitam o aprendizado, e os resultados das provas mostram que as habilidades de alfabetização das crianças já melhoraram significativamente. É algo simples, mas que faz uma grande diferença e provoca uma sensação de *ubuntu* na vida de crianças que, de outra forma, não teriam fácil acesso à alegria de aprender.

OLHE PARA FORA PARA VER A CONEXÃO

A natureza é outra força poderosa com capacidade de nos unir. E é de graça. Olhar para as estrelas e para a Lua em uma noite escura, admirar o pôr do sol sobre o oceano, o cheiro da floresta depois de uma chuva... todas essas coisas universalmente movem nossos sentidos.

Diversas pesquisas mostraram que estar ao ar livre, na natureza, faz com que nos sintamos energizados e mais positivos. Um desses estudos, de 1993, realizado na Suécia, revelou que quando pacientes de cirurgia cardíaca em recuperação olhavam fotos da natureza vista por entre uma janela, uma obra de arte abstrata e uma parede em branco, os que haviam recebido as paisagens de água e árvores se sentiam menos ansiosos e precisavam de menos medicamentos para alívio da dor.[8]

O meu local favorito para fugir é a praia. O mar é uma imagem perfeita para ilustrar como a vida, frequentemente, nos parece: imensa e desconhecida, mas muito emocionante. Ser jogado pelas ondas faz com que nos sintamos crianças de novo, sem mais responsabilidades além de curtir o oceano naquele momento. Quando você está na água, está em harmonia com a natureza. A natureza está em vantagem, lógico. O tamanho e a ferocidade do mar podem nos fazer perceber como somos pequenos, e que não somos nada mais que uma parte de algo muito maior. Quando você encara o oceano, é incrível pensar que podemos nadar em um corpo tão vasto de água. Nesses momentos de serenidade, também penso naqueles que podem estar pensando exatamente a mesma coisa diante do oceano.

Menos exigente em um nível físico, mas desafiadora de outras maneiras, a jardinagem atrai muitas pessoas como uma forma de manter um contato mais próximo da natureza. Ela fornece exercício físico e é uma atividade criativa. Os raios solares e a luz natural do dia são conhecidos por ajudar a melhorar nossa saúde mental. Inclusive, existem evidências do Food Growing in Schools Taskforce Report [Informe da Força-tarefa de Cultivo de Alimentos nas Escolas, em tradução livre] — liderado pela instituição beneficente Garden Organic — de que as crianças que participam de programas de plantio em escolas exibem um melhor comportamento, maior autoestima e desenvolvem uma atitude mais positiva em relação à alimentação saudável.[9]

"Ninguém teme o que viu crescer."

Provérbio africano

O *ubuntu* diz que para nos sentir humanos, precisamos nos sentir conectados. É necessária uma ideia de união para encontrarmos contentamento e satisfação no dia a dia. Podemos entrar em contato com nossos semelhantes para nos sentir parte de algo além de nós mesmos, mas também existem outras maneiras mais silenciosas de nos conectar — como se sentar em um parque arborizado ou nadar ao ar livre — que são igualmente benéficas. Se você estiver sozinho, por qualquer motivo (positivo ou negativo), tente experimentar algo novo hoje que permita que você se reconecte de uma maneira que todos os humanos possam aproveitar.

Descubra-se por meio de um diário. Julia Cameron, autora de *O caminho do artista*, aconselha que tiremos um tempo, logo pela manhã, para escrever o fluxo de nossa consciência em "páginas matinais". As palavras não precisam fazer muito sentido, mas podem nos ajudar a reconectar com o que sentimos por dentro. O objetivo não é escrever um romance ou uma poesia, mas eliminar os pensamentos que tenhamos que libertar em um fluxo catártico de consciência. Não pense demais. Anote o que está em sua mente e deixe fluir. Julia também aconselha que façamos isso antes de olhar para qualquer tipo de tela!

Comunique-se de modo objetivo para que suas necessidades básicas sejam atendidas. Se você não se sente valorizado, querido ou ouvido, então é hora de se manifestar. Nem sempre é fácil, mas pode ajudar a fazer a mudança acontecer. Pense no que o incomoda, e em seguida decida que você é o mestre desse sentimento — cabe a você, portanto, fazer algo a respeito. A seguir, tente comunicar de maneira direta como está se sentindo e o que não está recebendo em contrapartida. Talvez seu parceiro não esteja tratando você bem ou seu colega de trabalho não esteja se esforçando. Seja bem específico sobre o que os outros podem fazer para ajudá-lo.

Permita-se ser vulnerável. Se nos abrirmos para experimentar conexões, podemos sentir emoções. Isso é bom. Se estiver torcendo pelo seu time favorito, grite e curta o momento. Se estiver ouvindo música, permita-se se conectar a letra ou se exaltar com

o *crescendo*; isso pode ser uma experiência poderosa quando estamos tristes. Da mesma forma, se você estiver recorrendo a um amigo ou a um ente querido para atender às suas necessidades, permita-se mostrar como se sente. Um senso de autenticidade ao qual os outros normalmente respondem de forma positiva surge da vulnerabilidade. Se você se abrir, os outros provavelmente vão querer estar ao seu redor. Com a vulnerabilidade surge a oportunidade de se conectar profundamente.

Conecte-se à criatividade. Os seres humanos amam criar. Quando estamos mais inspirados, podemos entrar em um estado de "fluxo" — que é quando nos deixamos levar pelo que estamos fazendo. Nesse momento estamos realmente conectados. Experimente essas cinco coisas para encontrar seu fluxo de novo:

1. Fique longe do computador, incluindo as redes sociais;

2. Visite algum lugar próximo ao qual nunca tenha ido, procure uma exposição ou um local que lhe interesse;

3. Compre um bloco de papel barato e se permita rabiscar, reunir suas citações favoritas ou anotar ideias;

4. Faça algo com as mãos. Pode ser um bolo, plantar sementes no jardim ou brincar de massinha com (ou até mesmo sem!) as crianças. Permita-se absorver o momento e deleitar-se com ele;

5. Encontre inspiração fora de si mesmo. Procure artistas que você adora, pegue um livro de seu autor favorito na biblioteca ou assista a TED Talks sobre o tema da criatividade.

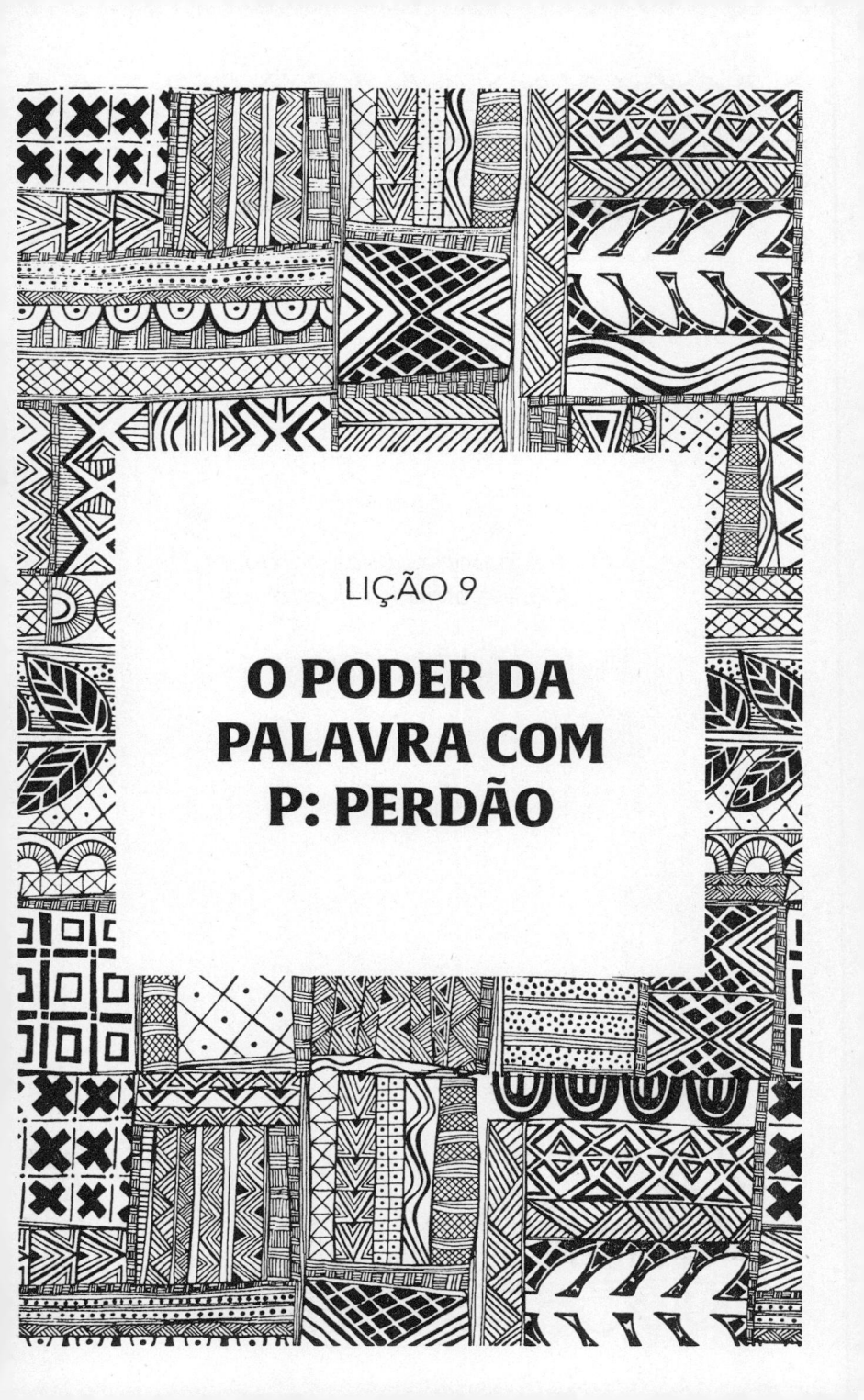

LIÇÃO 9

O PODER DA PALAVRA COM P: PERDÃO

*"O fraco pode nunca perdoar.
Perdão é o atributo dos fortes."*

Mahatma Gandhi

O perdão pode significar coisas diferentes para pessoas diferentes. Para alguns, é uma decisão pontual, uma escolha que fazemos impulsivamente e depois esquecemos. Pode ser uma reação a um incidente menor, como um colega de trabalho que se esquece de preparar algo vital para uma reunião ou um professor que acidentalmente corrige uma prova errado. É uma decisão fácil de ser tomada.

No entanto, para erros mais graves cometidos contra nós, a jornada até o perdão pode ser dolorosa, e por isso a decisão de perdoar precisa ser tomada várias vezes ao longo do caminho. Pode ser necessário resiliência e coragem.

O *ubuntu* diz que o perdão pode nos devolver a dignidade e o respeito que sentimos por nós mesmos. O espírito do *ubuntu* aconselha a estender a mão e nos ensina que não é bom ficar sozinho remoendo a dor da amargura. Isso demonstra que o perdão nos faz bem — não apenas como indivíduos, mas como comunidade. Ele devolve a paz de espírito à pessoa que está com raiva e traz tranquilidade para nossa vida.

O perdão é um princípio fundamental da fé cristã, mas não importa se você tem ou não crenças religiosas. Em termos psicológicos, fazer a escolha de absolver alguém é um processo catártico e pode beneficiar qualquer um. Podemos obter inspiração de outras pessoas ao redor do mundo que perdoaram atos contra elas ou ofensas muito mais sérias que as que possamos ter sofrido.

Entretanto, embora seja fácil falar de perdão, perdoar é uma das coisas mais difíceis de fazer.

OS DESAFIOS DE PERDOAR

O orgulho e a presunção muitas vezes podem nos impedir de perdoar. Quando alguém nos prejudica, sentimos que nossa raiva, mágoa e desconforto são justificados. Principalmente quando a pessoa que nos magoou não demonstra entender nem sentir remorso por suas ações. "Se ele me magoou, por que não devo fazer o mesmo com ele?" — essa é uma reação humana natural.

Talvez ficar com raiva por um dia, uma semana ou um mês seja algo razoável. Mas e as grandes mágoas do passado que todos experimentamos e não conseguimos esquecer? Quando um ente querido nos trai; quando nossos pais nos decepcionam; quando alguém comete um ato criminoso contra nós; quando uma organização falha conosco de uma maneira que muda nossa vida para pior. O que acontece se escolhermos *não* perdoar?

**"A amargura é como um câncer;
ela devora o hospedeiro".**
Maya Angelou

Quando não perdoamos, somos nós que sofremos. Repetir o sentimento do momento ou o incidente que nos magoou em nossa mente e acessar a amargura é tortuoso, porque ela mantém a dor viva. Muitas vezes, secretamente nos apegamos a ela enquanto abrigamos essa mesma dor que está profundamente enraizada. Nós nos sentimos justificados, mas se escolhermos nos sentir assim, acabaremos presos em nosso passado doloroso. Não perdoar não leva nossa raiva para lugar algum.

Optar por não perdoar também pode atrapalhar o julgamento de outras pessoas. Se um parceiro o traiu, você pode suspeitar de todos os seus futuros namorados. Se um colega de trabalho espalhou fofocas sobre você, talvez acredite que nunca mais trabalhará em um ambiente harmonioso.

Não podemos mudar os eventos de nosso passado e, muitas vezes, não podemos nos vingar da pessoa que nos magoou (de qualquer forma, o *ubuntu* diz que isso seria ainda mais prejudicial). Então, sofremos ao reviver a dor repetidamente. Como podemos perdoar se ainda sentimos os efeitos consequentes das ofensas? Pode parecer necessário um esforço sobre-humano, pode parecer impossível.

PERDOAR O IMPERDOÁVEL

Ingrid von Stein, ex-diretora de comunicações do Desmond Tutu Peace Centre, tomou a incrível decisão de perdoar o que parecia ser um ato imperdoável. Em meados dos anos 1980 — cerca de uma década antes de começar a trabalhar com meu avô —, ela foi brutalmente atacada por quatro jovens, algo que quase a destruiu. Os homens foram presos, mas durante muitos anos, Ingrid se viu completamente tomada por sentimentos negativos em relação a eles.

Ela guardava muita raiva a respeito do que havia acontecido, mas sofria em silêncio. Achava que não podia contar a ninguém porque não queria ser conhecida como a mulher que havia sido atacada. Ela não queria que todos a olhassem de forma diferente.

Então, Ingrid guardou sua amargura em segredo, e até se sentia envergonhada por isso.

Um dia, ela estava conversando com meu avô, como dois amigos. Meu avô estava passando por um momento difícil e decidiu confiar nela. De repente, ele disse: "Ingrid, nós parecemos gêmeos idênticos!"

Ela riu e perguntou por quê. Fisicamente, eles não eram nada parecidos, e ela apontou a aparência tão diferente deles.

"Exatamente!", gritou ele. "Somos idênticos!"

O que ele quis dizer com isso foi que, apesar das diferenças físicas, ambos eram seres humanos que sofriam dores.

Nesse momento de proximidade com meu avô, sentindo-se capaz de desabafar, Ingrid expressou seus sentimentos em relação aos seus agressores. Ela se sentia presa pela mágoa e pela raiva. Não sabia o que fazer ou a quem recorrer. Meu avô concordou, dizendo que ela tinha todo o direito de ter raiva do que aqueles homens fizeram, mas também implorou para que ela tentasse superar o trauma e perdoá-los.

Para Ingrid, isso era uma abominação. Como ela poderia perdoar se eles haviam lhe causado tanta angústia física e mental? Era impossível. Nos meses seguintes, os dois conversaram mais sobre o assunto e um dia meu avô perguntou a ela: "Já pensou em como os agressores podem estar se sentindo?"

Ingrid ficou furiosa, mas meu avô permaneceu calmo. Ele explicou que ela precisava deixar sua raiva sair, mas que também tinha que lembrar que os agressores eram *apenas pessoas*.

Firme em sua crença de que nunca conseguiria ver o bem nessas pessoas, Ingrid lutou para seguir em frente. Foi então que meu avô a ajudou a entrar em contato com a instituição que trabalha no sistema penitenciário para intermediar a reconciliação.

"Quem perdoa, vence."
Provérbio africano

Sentindo-se prisioneira da própria dor, Ingrid concordou em encontrar seus agressores em uma reunião intermediada. Ela se recusara a ver os quatro homens de uma só vez, mas dois não estavam interessados em falar com ela. Então, Ingrid se concentrou na dupla restante, um de cada vez. Conversando com meu avô, ela decidiu que não importava se eles pedissem desculpas ou não. Ela simplesmente queria tentar vê-los como pessoas.

Ingrid se encontrou com um deles corajosamente. Tremendo, ela se sentou diante do rapaz, incerta do que se seguiria. No entanto, assim que ela olhou em seus olhos, viu um homem — um ser humano — encarando-a.

Eles começaram a conversar. Ingrid o ouviu contar que havia crescido em um lugar afetado pelas drogas e pela pobreza na Cidade do Cabo. Toda sua infância havia sido marcada por violência e abuso. Era uma criação muito diferente da que ela teve, mas Ingrid também conseguiu identificar semelhanças. Os pais de ambos tinham um histórico de abuso de álcool e havia poucos limites. Aquele homem havia sido usado como saco de pancadas quando criança, assim como Ingrid fora nas mãos do próprio pai. Pela primeira vez, Ingrid viu seu agressor como alguém a quem ela poderia entender.

Ingrid saiu daquela conversa com a cabeça rodando. Ao chegar, pensara ser incapaz de perdoar, mas encontrou-se sentindo algo que imaginava impossível de antemão: compaixão pelo agressor.

Após uma conversa semelhante com o outro membro da gangue, Ingrid foi tomada por uma sensação de alívio, que finalmente reconheceu como perdão. Ela me disse que se livrar daquele peso tornara a jornada do resto de sua vida uma experiência muito mais leve e prazerosa de novo.

AS FACES DO PERDÃO

Nossa comunidade pode nos ajudar a perdoar, mas também devemos nos respeitar e fazê-lo em nosso tempo. Ninguém deve se sentir forçado a perdoar. Isso requer uma força mental, e precisa ser algo autêntico — um ato respeitoso que vem de dentro. Da mesma forma, quando fazemos mal a alguém e pedimos perdão, não devemos concluir que temos direito a ele. Não devemos esperar pelo perdão dos outros para nos sentir melhor.

Quando perdoamos, fazemos isso não pelo bem da pessoa que nos prejudicou, mas pelo nosso.

A TRC foi um grande exemplo de transparência implementada em uma escala jamais vista. Sua base era: a verdade, toda a verdade, é necessária para que o perdão realmente se estabeleça. Foi um momento sombrio na história da África do Sul, e não foi um processo fácil. Às vezes, as pessoas se sentiam incapazes de perdoar alguém diretamente, e então a TRC entrava em ação. Ela era como um símbolo de perdão, permitindo que uma nação seguisse em frente mesmo que os indivíduos continuassem lutando para perdoar. Mas a Comissão não dizia para as pessoas simplesmente esquecerem as ações do passado e seguirem em frente; ela encorajava as pessoas a ouvir a história toda pelo bem da nação.

Matthew Goniwe foi um dos chamados Cradock Four — Cradock era a cidade de onde provinham os quatro homens —, e sua história foi contada no documentário *Long Night's Journey into Day* [Uma longa jornada da noite para o dia, em tradução livre].

Em 1985, junto dos ativistas antiapartheid Fort Calata, Sparrow Mkhonto e Sicelo Mhlauli, Matthew foi parado em uma barreira pela polícia de segurança nos arredores de Porto Elizabeth, e todos foram mortos e queimados. Goniwe era um professor popular e líder comunitário, e houve protestos contra o crime.

Na TRC, o policial africânder Eric Taylor, responsável pelos assassinatos, contou que era um dos cinco policiais que havia ordenado aos homens que saíssem do carro na barreira. Eles foram atingidos na base do crânio com um objeto de ferro e seus corpos foram incendiados.

Na Comissão, Taylor falou sobre sua participação nos assassinatos e sobre sua visão distorcida de que se sentia justificado por perseguir os homens, porque estes eram comunistas "sem Deus". E contou que notou seu erro depois de assistir ao filme *Mississippi em chamas*.

Seu testemunho deu pouco conforto à esposa devastada de Matthew, Nyameka Goniwe. Em *Long Night's Journey into Day*, dirigido por Frances Reid e Deborah Hoffmann, Nyameka diz: "Não vou absolvê-lo. Se ele quiser se sentir mais leve, eu não serei a pessoa a ajudá-lo. Ele pode usar a Comissão da Verdade e Reconciliação para isso." O que ela queria dizer era que, embora não pudesse perdoar Taylor diretamente, tinha respeito pela TRC e pelo que a Comissão estava tentando alcançar.

É importante observar que o perdão não é só emocionalmente edificante, como também é bom para nossa saúde.[1] Raiva, ressentimento, ódio e amargura têm um impacto físico em nós. Essas emoções negativas atrapalham nosso sistema imunológico, deixando-nos mais vulneráveis a doenças, além de aumentar nossas chances de sofrer transtorno de estresse pós-traumático, uma condição que se desenvolve após um trauma físico ou emocional e desencadeia nossa resposta de luta ou fuga. Os sintomas do TEPT podem incluir insônia, explosões de raiva, apatia e tensão física e psicológica. Estudos mostram que aprender a perdoar (ou apenas continuar tentando perdoar) pode aliviar esses sintomas.[2]

Simplificando, o perdão nos ajuda a viver uma vida mais feliz e saudável.

PERDÃO = FUTURO

Se você está se esforçando para perdoar ou se sente incapaz de perdoar, pode procurar outras pessoas em busca de inspiração. Afinal, *ubuntu* se trata de se ver nos outros. Então, procure incentivos quando não conseguir fazer algo sozinho. Nelson Mandela é um ótimo exemplo de alguém capaz de perdoar atos que pareciam imperdoáveis perpetrados contra ele. Quando lhe pediram que fizesse uma lista de pessoas que desejava convidar para o jantar de posse como presidente da África do Sul, ele insistiu que seu ex-carcereiro, Christo Brand, fosse convidado, para grande surpresa de algumas pessoas. Àquela altura, ele e Christo eram bons amigos. Essa amizade era de conhecimento público, e permitiu que outras pessoas na África do Sul reavaliassem se eram capazes de perdoar pessoas que lhes prejudicaram.

"Sem perdão, não há futuro."
Arcebispo Desmond Tutu

Não existe um padrão para que o perdão ocorra. Ele pode acontecer de várias formas — pessoalmente, ou até simbolicamente. O perdão também era necessário em grande escala em Ruanda, após o genocídio que aconteceu no país. As pessoas sentiam seu coração e mente torturados pelas coisas indizíveis que ocorreram. Muitos haviam perdido entes queridos em atos brutais de violência, na maior parte dos casos bem diante de seus olhos.

A mera ideia de perdão era impensável para muitos, mas para alguns se tornou possível por meio de um projeto chamado Cows for Peace. Seu fundador, Christophe Mbonyingabo,[3] explicou-me que, em Ruanda, uma vaca é vista como um grande presente de uma pessoa para outra. Esses animais são símbolo de riqueza e prosperidade e, nesse caso, a vaca também se tornou um símbolo de perdão.

As vacas precisam de cuidados, muitas vezes de famílias inteiras; portanto, cuidar delas era uma maneira de reunir as pessoas novamente. Auxiliado pela instituição beneficente Tearfund, um sobrevivente e um criminoso trabalharam juntos para cuidar do animal. Só depois, a vítima foi incentivada a presentear o agressor com o bicho, como um ato de perdão.

O projeto foi tão bem-sucedido que vizinhos em guerra que se sentiam incapazes de conversar havia décadas se viram conversando de novo. Essas histórias de sucesso também ajudaram a inspirar a comunidade em geral. Quanto mais as pessoas veem o perdão em ação, diante de seus olhos, maior a probabilidade de que perdoem também.

VOCÊ É HUMANO, ENTÃO É HORA DE SE PERDOAR

Muitas pessoas que testam nossos limites, sejam ex-companheiros, pais tóxicos, chefes terríveis ou vizinhos mesquinhos, não se tornam anjos da noite para o dia. Se existe alguém em sua vida com um comportamento que o desafia, mas com quem precisa conviver, o perdão pode ser um ato contínuo. Ou talvez você sinta a necessidade de impor limites para evitar se magoar de novo. O que é ainda mais difícil, às vezes, é perdoar a nós mesmos, principalmente quando nos arrependemos dos nossos erros do passado.

Uma escolha de vida infeliz, por exemplo. Você escolheu um emprego que não era o mais adequado para você, perdeu vários anos com um companheiro que corroeu sua autoestima, tomou uma decisão que levou a uma cadeia de eventos que lhe fizeram mal. A lista de coisas que podem dar — e dão — errado em nossa vida é interminável.

Mas é importante saber: todos nós cometemos erros. É da natureza humana. Dizemos aos outros "você é humano", o que significa que eles podem errar, como todo o mundo.

Devemos aceitar nossa humanidade, não negá-la. Erros fazem parte de sermos humanos. Poucas pessoas escolhem conscientemente o caminho errado. Tomamos decisões com base nos melhores conhecimentos dos quais dispomos em determinado momento. Eu escolhi estudar em uma faculdade onde achava que seria feliz, mas isso não aconteceu, então tive que começar de novo. Eu não fiz essa escolha de vida de propósito.

Muitas vezes, somos capazes de olhar de forma empática para os erros da vida de nossos amigos e entes queridos; portanto, devemos ver nossos erros da mesma maneira. Se você ainda se tortura e não consegue se perdoar por seus erros, pergunte a si mesmo: você fez suas escolhas erradas *intencionalmente*? É provável que a resposta seja não. Se você se autossabotou, então, pergunte-se: por que você acha que fez isso? Permita-se ter um tempo para refletir.

O perdão é complicado. Devemos nos perdoar inclusive por *querer, mas ainda estar lutando* para perdoar. Lembre-se de que, com o *ubuntu* no coração, tudo é possível.

Se você tem um grande ressentimento e acha que não consegue perdoar, eis aqui algumas ideias para ajudar a iniciar o processo. No começo, pode parecer tão doloroso quanto a ferida infligida, mas o esforço vale a pena no longo prazo.

1. **Perdoe-se primeiro.** Você está com raiva de alguém porque essa pessoa o magoou? Sente que sua raiva é justificada? Permita-se experimentar essas emoções. Reserve meia hora para anotar todas as coisas sobre as quais você se sente injuriado. Anote o que a outra pessoa fez, como você se sentiu depois e as emoções negativas às quais está se apegando. Leia tudo em voz alta. Então, diga a si mesmo que se perdoa por se sentir assim. E, se isso ajudar, jogue fora o papel. Faça isso sempre que a raiva que sentir incomodar você.

2. **Pense em todas as vantagens de perdoar.** Você se sentiria fisicamente aliviado? Pararia de refletir sobre o que o outro fez e liberaria espaço em sua cabeça? Ficaria mais feliz se escapasse de sua raiva? Depois de ter certeza de que o caminho do perdão é adequado para você, é hora de avançar para o próximo estágio.

3. **Esforce-se para perdoar.** Se nesse instante você acha que o perdão pode ser um processo mais simples, tente acender uma vela pensando na pessoa que o magoou e dizendo em voz alta: "Eu o amo, eu o perdoo e sinto muito por ter guardado ressentimento." Se sabe que perdoar será um processo mais difícil, analise mais profundamente como perdoará. Pense em se colocar no lugar do outro — a essência do *ubuntu*. Pense na situação de vida da pessoa, por que ela fez as escolhas que fez. Fazer um esforço para ver as coisas sob a perspectiva do outro costuma transformar a energia da raiva em empatia.

4. Aceite que pode levar tempo. Se você escolher falar diretamente com a pessoa em questão, primeiro deixe de lado qualquer expectativa de que ela reaja bem a sua oferta de perdão. Ela pode não pedir desculpas; pode não mostrar respeito por sua decisão. Como você a fez recordar seu mau comportamento, ela pode decidir não falar mais com você. Tudo bem. Se não esperar nada, será menos provável que se sinta magoado ou decepcionado pelas ações ou inações do outro. Perdoe *por você*, e se o outro se mostrar contente, veja isso como um bônus.

5. Continue em frente. O perdão pode ser uma via de mão dupla ou de mão única — não importa qual seja. Se suas feridas antigas aparecerem de novo, volte para o passo dois. Concentre-se nos sentimentos bons que o perdão pode lhe provocar. Lembre-se do motivo pelo qual você escolheu esse caminho. Se focar de novo na mágoa, diga em voz alta: "Eu escolho outro pensamento." Faça uma longa caminhada, converse com um amigo, leia um livro sobre perdão. Se optar por movimentar sua energia e focar além da dor, ela acabará perdendo seu domínio.

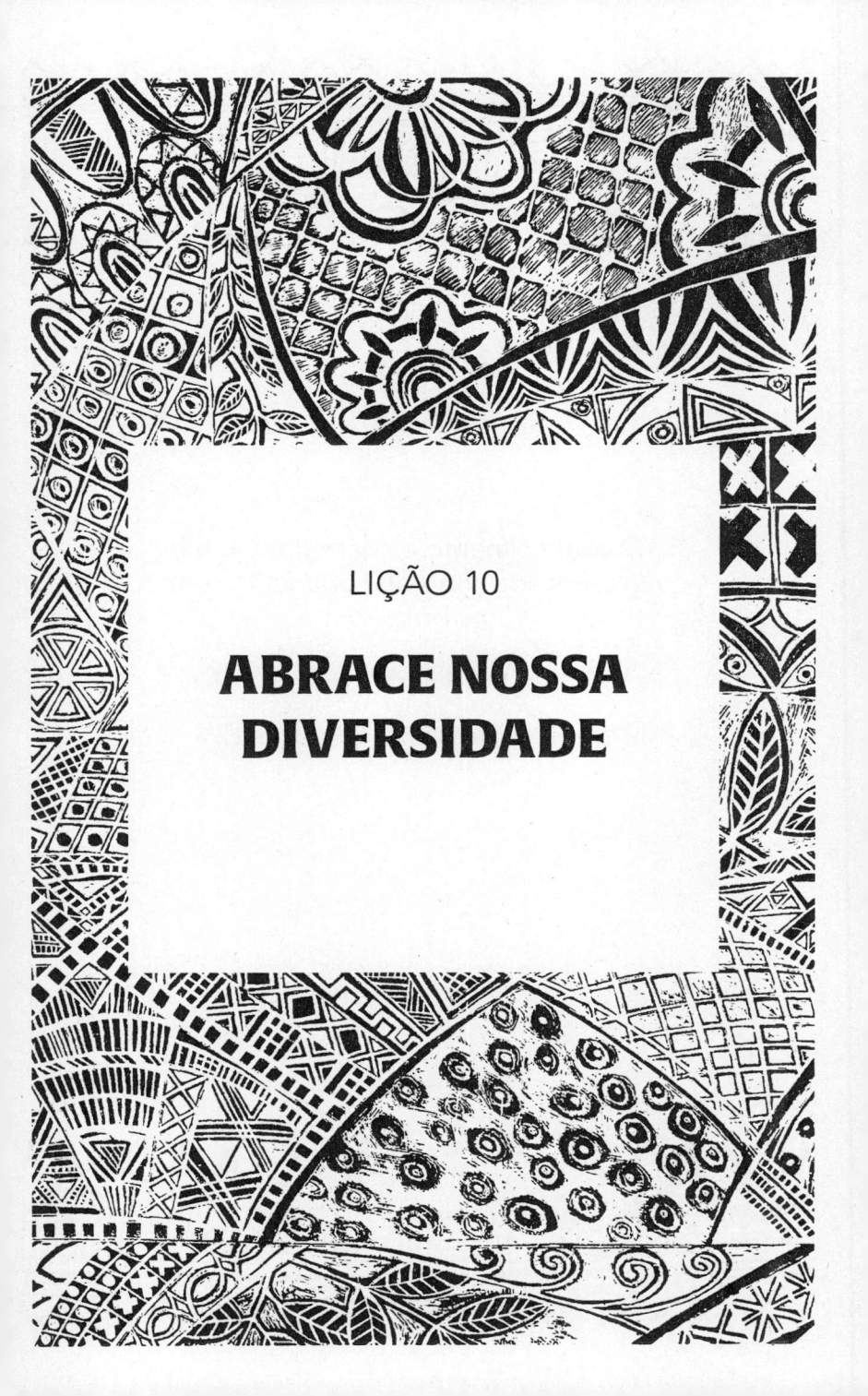

LIÇÃO 10

ABRACE NOSSA DIVERSIDADE

"O conhecimento é como um baobá: ninguém sozinho pode abarcá-lo com os braços."

Provérbio africano

Nós, seres humanos, compartilhamos nosso planeta com mais de oito milhões de espécies diferentes, mas somos bastante únicos. Com cerca de duzentos países no mundo — os números oficiais variam — e aproximadamente 6.500 idiomas diferentes falados (e com um número infinito de diferenças culturais), o que todos temos em comum é a diversidade.

No entanto, essa diversidade causa medo em muita gente. Seja a comida que nunca experimentamos antes, a música que não estamos acostumados a ouvir ou uma crença religiosa que não entendemos, nossa reação às coisas com que não estamos familiarizados ou que não reconhecemos, às vezes, é de afastamento. Inclusive, há momentos em que não gostamos de algo simplesmente porque é "diferente". O *ubuntu* diz para deixarmos de lado as diferenças nacionais ou sociais e nos vermos pelo que somos: seres humanos *em união*.

No Desmond Tutu HIV Foundation Youth Centre, na África do Sul, os estagiários aprendem a aceitar outras culturas, em vez de julgá-las. O centro, administrado por jovens, trabalha com a comunidade multicultural de Masiphumelele, perto da Cidade do Cabo, onde moram pessoas de países como Moçambique, Malawi e Nigéria. Devido à natureza humana, é bastante comum que os jovens olhem para culturas diferentes de forma cautelosa. Por isso, aceitar a diversidade é amplamente incentivado.

Um estagiário sul-africano, Asisiphe, deu um exemplo simples: "O julgamento, em geral, é baseado no desconhecido. Por exemplo, no Zimbábue e em Moçambique, eles comem peixes muito pequenos chamados *matamba*, um animal que nós nem pensaríamos em tocar. Mas, na verdade, soubemos que é uma boa fonte de nutrição e um alimento facilmente disponível. Prejudicar a cultura de outras pessoas não serve para nada, então agora questionamos quando vemos isso acontecer."

Recentemente, os jovens estagiários também aprenderam sobre música nigeriana e como os nigerianos dançam utilizando diferentes ritmos. No final da sessão, todos experimentaram alegremente alguns movimentos novos, aceitando algo diferente em vez de reagir com medo e julgamento.

ENCONTRE IGUALDADE NA DIVERSIDADE

Para aceitar a diversidade, é necessário humildade para dedicar um pouco de tempo à procura de nossas semelhanças. Apesar de ser uma figura pública, meu avô sempre arranjava tempo para conversar com as pessoas ao seu redor. Ele sempre dava espaço para que todos se sentissem iguais, qualquer que fosse sua história de vida. Quando fazia discursos para os jovens, ele frequentemente falava que, embora pudesse ser considerado VIP, ele os considerava VSPs — *very special people*, pessoas muito especiais. E, em seguida, fazia o público inteiro repetir algumas vezes "eu sou VSP", para que realmente entendessem o que ele queria dizer.

Uma atitude tão humilde também o ajudou em seu papel de presidente do Elders [Anciãos]. O grupo internacional não governamental Elders foi criado em 2007, inspirado em uma ideia de Richard Branson, Nelson Mandela e Peter Gabriel, no qual eminentes estadistas do mundo todo se reuniriam para trabalhar pela paz.

O primeiro grupo do Elders era formado por meu avô na presidência e Nelson Mandela como fundador, ao lado do ex-presidente dos Estados Unidos Jimmy Carter, Graça Machel, Kofi Annan, Mary Robinson, Ela Bhatt, Gro Harlem Brundtland e Muhammad Yunus. A ideia era que eles se reunissem duas vezes por ano para discutir em quais causas globais deveriam se concentrar. Então, eles viajariam pelo mundo para conversar com as pessoas envolvidas nessas questões, dando atenção especial aos pontos de vista dos cidadãos comuns antes de falarem com os líderes.

Como meu avô explicou no evento inaugural: "Na sociedade tradicional, era nos anciãos da aldeia que se confiava para resolver conflitos e receber orientação com sabedoria. Hoje, vivemos em uma aldeia global, mas não temos nossos anciãos globais para nos liderar e inspirar."

Ser esses anciãos era o novo papel do grupo.

"Não nos tornamos um caldeirão, mas um belo mosaico. Pessoas diferentes, crenças diferentes, anseios diferentes, esperanças diferentes, sonhos diferentes."

Jimmy Carter, ex-presidente
dos Estados Unidos

Em vez de provirem do mesmo lugar, todos os envolvidos eram de origens muito diferentes. Gro Harlem Brundtland foi ex-primeira-ministra da Noruega e ex-diretora geral da Organização Mundial da Saúde; Ela Bhatt foi uma reformadora social indiana; Muhammad Yunus era um economista de Bangladesh; e Graça Machel era uma humanitária moçambicana. Essa diversidade significava que cada indivíduo contribuía com diferentes habilidades. Cada um tinha seus pontos fortes, mas também, talvez, seus pontos cegos. Em conjunto, eles mostraram que um grupo de indivíduos diversos pode ir muito além e alcançar muito mais que quando todos têm os mesmos talentos.

O DOM DA HUMILDADE

Se optarmos por deixar nosso orgulho e ego de lado e permanecermos humildes, aceitar outras pessoas será uma tarefa mais alegre e fácil.

No evento de fundação do Elders, meu avô falou sobre como se sentia humilde por estar em tão boa companhia. "Sou um ouriço do subúrbio. Nasci em uma das localidades do apartheid e, às vezes, olho para mim de fora e digo: 'O quê? Você, de Ventersdorp, conversando com todas essas pessoas? Não pode ser verdade.'"

No entanto, isso era o que tornava o grupo especial e, de fato, é o que pode reunir qualquer grupo diverso. Permanecer humilde e ver o que as outras pessoas podem oferecer significa que podemos aprender uns com os outros, porque nos vemos como seres iguais. Sua incrível humildade era um elemento-chave do trabalho do Elders, uma vez que ele era formado por alguns dos indivíduos mais conhecidos e respeitados do mundo. Colocando o próprio ego de lado, eles escolheram focar os outros. Na sociedade, os anciãos, em geral, não são tratados com o respeito que merecem. Segundo a Royal Society for Public Health, o preconceito etário é predominante na Grã-Bretanha (dados de 2018).[1] A Geração Y tem as atitudes mais negativas em relação às pessoas idosas, e um quarto deles acredita que é normal que os mais velhos sejam infelizes e deprimidos. Embora possa existir uma divisão entre jovens e idosos em crenças e ideologias políticas, os anciãos detêm muita sabedoria. Tendo passado por tempos que as gerações mais jovens sequer podem imaginar, os membros das gerações mais velhas têm uma riqueza de conhecimentos e experiências — não importa quem sejam e de onde venham.

A decisão do Elders de empreender uma campanha contra o casamento infantil e a subsequente criação da bem-sucedida organização Girls Not Brides [Meninas, não noivas, em tradução livre] é um exemplo de quanto o grupo tem a oferecer ao mundo. Ao entrar na segunda década de trabalho, eles promoveram acordos de paz na Colômbia e no Zimbábue, viajaram extensivamente para zonas de conflito e levaram esperança aos perseguidos, defendendo o atendimento universal à saúde, além de pedirem ações sobre as mudanças climáticas antes que isso fosse moda.

A CONSISTÊNCIA DE SER HUMANO

Se deixarmos de lado nossos julgamentos sobre "o outro", ficaremos infinitamente mais fortes. Temos de nos ver como parte de uma comunidade humana, não como entidades separadas. A capacidade de fazer isso é uma parte maravilhosa de nossa natureza. Pesquisas, inclusive, revelam que, quando vemos outros sendo prejudicados — mesmo completos estranhos —, ativa-se a mesma parte do nosso cérebro que é estimulada quando nós mesmos somos prejudicados.[2] Tais descobertas podem explicar, de alguma maneira, por que as doações e a caridade surgem quando um desastre natural é noticiado, muitas vezes independentemente de onde esteja acontecendo. Os seres humanos são projetados para se preocupar com os outros, como o *ubuntu* recomenda.

"Um homem sangra, sofre, não se desespera como norte-americano, russo ou chinês, mas em seu ser mais íntimo, como membro de uma única raça humana."

Adlai Stevenson

Portanto, apesar de nossas diferenças, somos iguais. Mesmo que seja o conjunto mais diversificado de personalidades que às vezes empurra a humanidade para a frente. Uma guerra civil quase eclodiu na Tunísia em 2011, após os protestos da Primavera Árabe, revoltas e rebeliões contra o governo, até que uma aliança muito improvável, conhecida como Quarteto para o Diálogo Nacional da Tunísia, foi formada. Quatro organizações muito diferentes se reuniram para assumir um papel de liderança e afastar o país da violência e levá-lo rumo à paz. Eram indivíduos do Sindicato Geral do Trabalho, da Confederação da Indústria, Comércio e Artesanato, da Liga dos Direitos Humanos e da Ordem dos Advogados. Suas habilidades reuniam talentos diferentes e sua diversidade ajudou a promover a paz e o comprometimento de uma maneira que os políticos não conseguiram. O grupo até ganhou um prêmio Nobel da Paz por seus esforços. Ele era, de fato, constituído por membros muito diferentes, mas todos lutavam pela mesma causa: compreensão, união e, acima de tudo, paz em seu país.

Se escolhermos ver nossa diversidade como um motivo de celebração e estendermos a mão às pessoas que não são como nós, podemos ganhar muito, especialmente em um cenário global. Com a internet, nunca foi tão fácil alcançar pessoas no mundo todo, unir forças e trabalhar juntos, independentemente de gênero, convicção política ou crença religiosa.

O projeto Global Citizen é outro empreendimento inspirador que une todos, independentemente da história de vida. É uma iniciativa baseada na crença de que cidadãos engajados no mundo todo podem acabar com a pobreza extrema até 2030 ao se tornarem pensadores e criadores de mudanças globais e usarem sua voz. A educação e a crença na educação para empoderar estão no cerne desse projeto. Desde 2011, milhões de pessoas de países ao redor do mundo participam de uma tentativa de enfrentar desafios globais, como pobreza, crises no meio ambiente e questões das mulheres. O projeto também realiza o festival de música Global Citizen Festival internacionalmente para arrecadar dinheiro e conscientizar pessoas, inclusive na África do Sul. Recentemente, o projeto reuniu seu maior grupo de chefes de Estado e talentosos artistas para celebrar o centenário de Nelson Mandela.

Sua mensagem é a seguinte: não importa quem você é ou de onde vem; você pode participar e fazer a diferença.

TODOS TÊM UMA CONTRIBUIÇÃO A FAZER

Então, como aprendemos a aceitar nossa diversidade? Principalmente quando a vida do outro é tão diferente da nossa?

Enquanto crescia, vi minha família lidar com esse desafio e fazer a escolha de aceitar o *ubuntu*. Meus avós sempre tiveram uma "casa aberta" e permitiam que qualquer um os visitasse ou ficasse ali com eles, se necessário. A ideia era: "Se temos espaço e as pessoas precisam de um lugar, elas terão um lugar." Então, quando entrei na escola, minha mãe seguiu os passos de seus pais e fez de nosso quarto um espaço extra para ajudar os necessitados.

Algumas décadas atrás, enquanto ela fazia uma apresentação na Universidade Vanderbilt, no Tennessee, sobre o empoderamento das pessoas marginalizadas, um homem chamado Karl se levantou e questionou seu discurso. Ele perguntou por que ela estava dando uma palestra em uma universidade conhecida por ser uma instituição de grande privilégio e poder; disse que teria preferido que ela falasse em uma das universidades ou faculdades historicamente negras (Historically Black Colleges and Universities, ou HBCUs, na sigla original) da cidade ou mesmo em uma igreja ou centro comunitário.

Karl explicou que ele havia passado por um momento de não ter moradia fixa e lidado também com problemas de saúde mental, e sabia o que era a vida como marginalizado. Após a apresentação, ele e minha mãe tiveram uma breve conversa, e Karl disse que ela fazia parte de um grupo de elite que continuava tendo conversas sobre pessoas marginalizadas em locais inadequados. Ela explicou que acreditava que essas conversas deveriam ser realizadas com pessoas em lugares confortáveis e em qualquer outro lugar onde elas quisessem acompanhar e ouvir. Minha mãe também rebateu a ideia de que ela fazia parte de uma elite. Ele respondeu que ouvira sua introdução, e ela explicou que, embora fosse seu currículo, não era uma definição cabal de quem ela era como pessoa. No fim da noite, minha mãe foi embora, mas ainda se sentia julgada por Karl.

Na manhã seguinte, Karl entrou em contato com minha mãe no escritório e disse que queria saber quem ela era. A partir daí, desenvolveu-se uma amizade, e ela passou a conhecê-lo. Karl era um homem decente com ideias fortes, que teve uma vida difícil e sofreu com uma doença mental. Quando descobriu que ele havia perdido recentemente o local onde morava, ela lhe ofereceu um quarto por seis meses.

"Ninguém sabe tudo, mas todo o mundo sabe alguma coisa."

Provérbio africano

O *ubuntu* nunca é uma via de mão única. Quando você mostra respeito e humanidade pelas pessoas e por si mesmo, essa atitude geralmente se revela um presente para você. No caso do hóspede de minha mãe, Karl formou um vínculo inesperado com meu irmão durante sua estadia. Ele cumpriu um papel paterno na vida de meu irmão durante um tempo e o ensinou a jogar xadrez. Meses depois, quando Karl passou por uma crise de saúde mental que demandava tratamento, foi meu irmão quem insistiu que ele e minha mãe visitassem Karl no hospital todos os dias. O relacionamento deles havia se transformado em uma amizade genuína e solidária de ambos os lados, apesar das muitas diferenças.

E os desafios que enfrentamos quando aceitamos a diversidade? Como superamos a sensação de "alteridade" ou as preocupações que possamos ter sobre não sermos capazes de entender o outro ou cooperar com ele? Minha mãe me mostrou que talvez não saibamos como as coisas podem acabar, e que podemos aprender pelo caminho, mas aceitar a diversidade torna o desconhecido um pouco mais familiar.

FAZER DIFERENTE NÃO SIGNIFICA FAZER "PIOR"

As pessoas do continente africano não são conhecidas por sua pontualidade. Esse é um hábito cultural, talvez decorrente de não querer viver a vida de acordo com o relógio — algo que os ocidentais costumam fazer. No entanto, isso é complicado quando todos estão tentando trabalhar juntos.

Eleanor Riley faz um trabalho beneficente e enfrentou esse desafio ao criar a Made With Hope, uma organização que ajuda a diminuir a pobreza na Tanzânia.[3] Sua ideia era arrecadar dinheiro para construir escolas e fornecer água limpa, alimentos sustentáveis, energia e educação. Para iniciar os projetos, Eleanor uniu forças com um organizador da comunidade local da Tanzânia, Zuma, que havia trabalhado com a comunidade no nível básico. Eleanor admirava profundamente Zuma por manter sempre a porta aberta para os necessitados, incluindo os idosos e doentes físicos e mentais. Mesmo em uma comunidade tão pobre, Zuma sempre tinha algo a oferecer. Então, ela lhe pediu que a ajudasse a criar o Made With Hope.

Só então Eleanor pôde entender a extensão das diferenças culturais que precisaria tentar administrar. Zuma e seus colegas não entendiam como funcionava a captação de recursos no Ocidente, nem tinham nenhum conceito das estratégias de negócios ou da pontualidade que os ocidentais priorizava.

Assim, enquanto Zuma ensinava a Eleanor sobre compaixão e necessidades básicas das pessoas, ela educava os tanzanianos com quem trabalhava sobre burocracia e horários fixos de trabalho para uma captação de recursos eficaz. Eleanor também aprendeu que adorava o que chamava de "tempo africano", pois não havia ansiedade ou pressa, uma vez que todos tinham fé de que as coisas seriam alcançadas no final.

Assim que passamos a ver maneiras opostas de fazer as coisas, ou opiniões opostas, como algo a aprender, é muito mais provável que progridamos. Nem sempre temos que concordar, mas podemos aceitar pessoas com pontos de vista diferentes dos nossos.

Geralmente, em nossas escolas e ambientes de trabalho no mundo ocidental, somos instruídos a focar no que não dá certo, em vez de focar no que dá certo — estamos sempre procurando erros. As crianças aprendem a aderir a uma abordagem "padronizada" da aprendizagem, e frequentemente vemos o comportamento de nossos colegas como certos ou errados. O *ubuntu* nos encoraja a ter uma mente mais aberta que isso. Só porque alguém faz algo de maneira diferente — ou não da maneira que nós faríamos — não quer dizer que está "errado". Estamos todos em nossa jornada e reagimos individualmente a situações segundo nossas experiências de vida.

Em vez de olhar para as contribuições que as pessoas não estão fazendo, pergunte-se o que elas têm para oferecer. Talvez o colega calado que não se manifesta em grandes reuniões tenha ótimas ideias individualmente. Você precisa se sentar com ele em um ambiente menor e aprender a fazer as coisas do jeito dele. Talvez a pessoa muito falante, cujo fluxo de ideias é difícil de acompanhar, possa ordenar melhor seus pensamentos quando os escreve. Ser flexível e ter a mente aberta incita o melhor das pessoas. O *ubuntu* diz que todos têm algo a oferecer. Precisamos apenas ter mais paciência ou comprometimento para descobrir o quê.

Pense em sua linguagem. Todos nós tendemos a estereotipar pessoas segundo nossas experiências e criação. Esteja atento ao preconceito em sua fala. Você costuma achar que pessoas de uma determinada cultura são de certa maneira? Se sim, conteste isso. Desconfie se você usar categorias como modos de pensar "nossos" e "deles" no trabalho, na escola ou em casa. Pense por que essa atitude surgiu e como você pode ver as coisas de uma perspectiva diferente.

Imagine se todos no mundo fossem iguais. O mundo seria um lugar muito chato. Nossos pontos de vista e, portanto, nosso progresso, seriam limitados; nossas experiências seriam entediantes; nunca experimentaríamos nada novo. No entanto, muitas vezes temos que nos esforçar para aceitar a diferença dos outros. Pense nas inúmeras coisas de que você gosta de várias culturas, mesmo sem perceber. Pode ser a comida que você come, as roupas que veste ou o entretenimento que curte. Tudo, de macarrão chinês a sarongues malasianos a filmes *noir* suecos. Depois, lembre-se de todas as diferenças dentro de sua família que aumentam sua experiência humana. Talvez você tenha um avô que adora fazer receitas tradicionais, um bebê que faz todo mundo rir, um adolescente mal-humorado que compartilha o mais recente fenômeno cultural com você. Todos têm algo a oferecer.

LIÇÃO 11

ACEITE A REALIDADE (MESMO QUE MACHUQUE)

"Ubuntu *não é um conceito bíblico, é um antigo conceito africano. No entanto, ele se baseia em algo simples: que os humanos foram criados para a união, e o que nos separa é a ganância, o desejo de poder e uma sensação de exclusão. Mas isso são aberrações.*"

Allan Boesak

Para progredir na vida, precisamos primeiro aceitar nossa situação atual. Se negarmos nossa realidade ou recusarmos enfrentar os problemas que precisam ser resolvidos, poderemos ficar presos em um ciclo que se repete. Enfiar a cabeça na areia não ajuda ninguém, muito menos a si mesmo.

O *ubuntu* nos ensina a não negar nosso passado nem nossa situação, mesmo que sejam dolorosos, e nos diz que devemos aceitar sem julgamento o que aconteceu conosco ou com outras pessoas. Ele nos encoraja a aceitar todas as facetas da vida — as boas, as ruins e as feias — e nos permite "ser", aceitar o que está aqui e agora e a ajuda de outras pessoas para resolver os problemas.

O objetivo da TRC é um bom exemplo de como aceitar um passado doloroso. A Comissão não se retraiu diante de nenhum dos horrores do apartheid. Seu legado foi criar uma paz duradoura na África do Sul.

Meu avô conta que ouviu relatos sobre o pior da humanidade naquela época. Muitas vezes ele chorava depois de ouvir testemunhos, porque as histórias eram terríveis. Ele sentia profundamente a dor de outras pessoas, como das mães dos Gugulethu Seven, um grupo antiapartheid, que só descobriram que seus filhos haviam sido assassinados quando viram a notícia na TV.

Uma das promessas que a TRC tentou manter foi que todo filho ou filha, pai, mãe ou qualquer outro ente querido assassinado tivessem seus restos mortais devolvidos à sua comunidade de origem para descansar em paz após um enterro adequado. Assim, forças-tarefa foram enviadas para procurar valas comuns e sepulturas sem identificação. Foi um ato para devolver às famílias a dignidade de que haviam sido despojadas, mas também para confrontar crimes horríveis com aprumo, por mais terríveis que fossem.

Um dia, uma força-tarefa voltou para dizer que havia evidências de que algumas vítimas haviam sido jogadas aos crocodilos. Não havia corpos para levar para as famílias dos assassinados. Quando recebeu a notícia, meu avô desabou, gritando: "E o que vamos dizer às mães das vítimas?"

A primeira coisa em que ele pensou foi na família enlutada. Durante um período tão devastador para os parentes dos mortos, prevaleceu uma sensação de *ubuntu*: a empatia pela dor das famílias estava em primeiro lugar na mente de todos. A empatia é um fruto do reconhecimento da realidade — nossa ou de outra pessoa —, e a manifestação comunitária de compaixão pelas famílias envolvidas foi o que lhes proporcionou certo conforto.

Quando negamos a realidade de algo que aconteceu, o progresso em direção à reparação ou resolução fica prejudicado. Se você quebrar a perna, precisará cuidar da lesão e se preparar para esperar até que se cure. Só então vai poder andar de novo. Se tentar andar cedo demais, só vai piorar sua condição. As feridas só cicatrizam de maneira eficaz quando são cuidadosamente limpas e cuidadas. Caso contrário, apodrecem. E a mesma coisa vale para muitas situações da vida real.

A REALIDADE É: ESTAMOS JUNTOS NESSA

Todos nós enfrentamos complicações na vida, e às vezes nos sentimos fracos ou não conseguimos lidar com tudo. E, ocasionalmente, temos que lutar para enfrentar a realidade, o que está acontecendo conosco. Portanto, o *ubuntu* nos ensina a sempre procurar apoio.

Quando você está deprimido, pode ser doloroso analisar o motivo. Se odeia seu trabalho, pode ser difícil enfrentar a ideia de sair, pois precisa do dinheiro. Se você tem um relacionamento ruim, pode ser difícil mudar alguma coisa, a menos que esteja preparado para enfrentar as possíveis consequências, que podem incluir a separação. Muitas vezes, apenas passamos pelo dia, esperando que o amanhã seja melhor.

"A chuva cai sobre todos os telhados."
Provérbio africano

O *ubuntu* afirma que não precisamos lutar sozinhos. Para progredir, os seres humanos precisam uns dos outros. Precisamos de ombros para chorar e braços para nos abraçar quando as coisas não dão certo. Não há problema algum em se manifestar e pedir ajuda, em dizer que queremos mudar as coisas, em perguntar a outras pessoas como conseguiram sair de situações semelhantes. Precisamos do apoio e orientação uns dos outros. Quando reconhecermos que essa é a realidade para todos, conseguiremos entender que não é vergonhoso pedir ajuda.

Muitas vezes, escondemos nossa dolorosa realidade porque não queremos que o mundo exterior nos veja como fracos ou incapazes de lidar com as situações — e o mesmo vale para outras pessoas. Mas a vergonha é superada quando encontra companhia. Se você sabe que alguém está passando por algo semelhante, ajuda muito estender-lhe a mão. Mesmo que você não esteja passando exatamente pela mesma coisa, quando mostra empatia, está se conectando com as emoções que uma pessoa pode estar sentindo, e isso faz com que todos nos sintamos menos sozinhos.

OUTRAS PESSOAS NOS AJUDAM A ENFRENTAR NOSSA REALIDADE

Ninguém gosta de críticas. Seja no trabalho, na vida pessoal ou proveniente da própria voz interior, as críticas são opressivas e não ajudam. Elas raramente fornecem respostas, e muitas vezes diminuem nossa autoestima. Pode ser uma maneira de sermos ouvidos, mas seria a maneira mais eficaz?

"Encontre pessoas que farão você melhorar."
Michelle Obama

Quando alguém faz uma crítica — sobre algo pessoal ou relacionado ao trabalho —, em geral a levamos a sério. Ficamos ruminando sobre o assunto e isso nos corrói. *A pessoa estava certa ao pensar isso de mim? Ela foi injusta? Os outros pensam coisas ruins de mim?* As vozes ficam girando em nossa cabeça. Às vezes, as críticas não são justificadas; portanto, tentamos descobrir se esse é o caso pedindo outras opiniões.

Críticas construtivas, por outro lado, podem ser úteis. Precisamos de feedback, desejamos elogios, e podemos até nos beneficiar de críticas construtivas. Nossos pais e professores nos dizem onde erramos para que possamos melhorar. Com o próprio exemplo, eles nos guiam pelo caminho.

Há momentos em que não entendemos as regras estabelecidas ou não reconhecemos o aprendizado quando ele está ocorrendo. Aceitar que nossos pais e professores sabem mais é algo que todos nós precisamos fazer. E se não tivermos a sorte de poder confiar nas pessoas em posição de autoridade em nossa vida, podemos procurar orientação de amigos de confiança e outros mentores. O *ubuntu* implica estar sempre aberto a aprender e mudar nosso comportamento para o bem de todos.

ENFRENTANDO AS OUTRAS FACES

Para confrontar a realidade, devemos ser honestos. Às vezes, muito honestos. Esse é um dos princípios do *ubuntu*. Se não formos autênticos e honestos uns com os outros, nossos relacionamentos se enfraquecerão e, no fim, todos sairão perdendo. A pessoa que suprime seus verdadeiros sentimentos pode se sentir incompreendida ou isolada, e quem está ao seu redor pode se sentir confuso ou ignorante acerca do que está acontecendo.

Joseph Duncan, cofundador da Youth Futures UK e embaixador da Tutu Foundation, diz que a Mesa Redonda *Ubuntu* foi construída com franqueza e honestidade de ambos os lados — pessoas com autoridade e pessoas que se sentiam desafiadas pela autoridade —, por mais desconfortável que fosse a experiência. "Era um lugar seguro onde as pessoas podiam confrontar a própria realidade e compartilhá-la", explica ele.

Durante uma sessão, a Mesa Redonda trabalhou com um grupo de garotos de Londres que havia passado por uma série de revistas humilhantes da polícia. Os garotos disseram que os policiais alegavam estar procurando drogas ou armas, eles mudavam a história, para que parecesse que estavam sendo injustiçados.

Mas alguns garotos admitiram que, às vezes, portavam facas — eles se sentiam pressionados a fazer isso, pois outras pessoas de sua comunidade faziam a mesma coisa. Por um lado, eles se sentiam vitimizados; por outro, agiam violando a lei.

Por sua vez, a polícia também tinha que ser honesta acerca de seus sentimentos, incluindo seus preconceitos. Muitos policiais eram brancos e de fora da capital. Eles não haviam sido criados em comunidades negras, e seu procedimento padrão era estereotipar como um problema os jovens negros que usavam capuzes em uma habitação social.

Expressar as duas verdades foi um processo muito comovente para os dois grupos. A dor do que eles realmente pensavam estava ali exposta. No entanto, após serem honestos sobre a realidade do dia a dia e o que passava pela cabeça de todos, algo mudou. Vimos policiais visivelmente relaxarem quando ouviram o outro lado da história.

Um adolescente mencionou a crença de sua comunidade de que a polícia estava cercando os negros só para atingir sua cota de prisões mensais — um comentário que perturbou os policiais. "Não é de admirar que vocês sintam que não podem confiar em nós se é isso que as pessoas pensam", disse um deles. Então, a polícia admitiu que precisava ouvir mais realidades de outros membros da comunidade para poder protegê-los de maneira eficiente e fazer seu trabalho adequadamente.

É da natureza humana querer proteger nossos olhos de realidades difíceis e fingir que as coisas não são tão ruins quanto aparentam. Às vezes, isso parece ser a melhor opção. No entanto, se você enfrentar o pior, terá a chance de encontrar uma solução. O final da história você decide. Minha mãe cresceu ouvindo seus pais falarem com sinceridade durante toda a sua infância. Eles alertavam os filhos: "Um dia, podemos ser presos ou mortos devido a nosso trabalho." Era uma realidade da qual meus avós não se esquivavam. Eles conheciam os riscos de liderar protestos pacíficos, principalmente porque outros protestavam com violência. Para eles, calar-se diante da injustiça era pior do que ser punido por se manifestar. Por isso, às vezes minha mãe e seus irmãos temiam o pior, mas eles tinham outros familiares e amigos em quem confiar. Isso significava que podiam aceitar a vida incomum que tinham, e depois de crescidos, entender o que é servir aos outros.

Minha família me ensinou que o *ubuntu* não é tentar fingir que tudo é doce e repleto de luz. Trata-se de entender que é possível enfrentar a escuridão, especialmente com a ajuda de outras pessoas a nossa volta, pois isso também nos torna humanos. Todo lado positivo tem um negativo. E todo lado negativo tem um positivo. Amar profundamente implica sofrimento. Defender uma causa, como fizeram meus avós, implicava sacrifício. Ouvir críticas construtivas pode levar ao aprendizado. Permitir-se ser vulnerável pode alimentar a compaixão e aprofundar os relacionamentos com as pessoas ao seu redor.

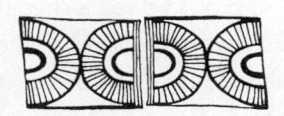

É PRECISO HUMILDADE PARA VER A REALIDADE

Uma pessoa com *ubuntu* é sempre humilde. Isso significa colocar os outros em primeiro lugar e ter mais chances de ouvir e aprender com eles. Se nos virmos como seres imperfeitos, também poderemos aceitar as imperfeições dos outros, e será menos provável que julguemos.

"Existe um respeito universal, inclusive admiração por aqueles que são humildes e simples por natureza, e que têm confiança absoluta em todos os seres humanos, independentemente de seu status social."

Nelson Mandela

Meu avô está sempre aberto a escutar a opinião dos outros e a ver suas convicções contestadas. Mabel van Oranje, que trabalhou com ele e os outros Elders como a primeira CEO do grupo, contou-me uma coisa.

Um dia, a organização estava discutindo qual causa global apoiar, quando Mabel propôs a ideia de ajudar a acabar com o casamento infantil. Esse é um problema mundial — cerca de uma a cada cinco meninas são forçadas a se casar aos 18 anos. Mabel sugeriu que os Elders poderiam desempenhar um papel catalisador ao abordar essa prática nociva. Seria uma boa campanha para eles apoiarem.

Inicialmente, meu avô não se convenceu. Ele concordava que se tratava de um terrível problema social, mas argumentou que ocorria principalmente no sul da Ásia e, portanto, não era um problema global. Foi então que Mabel o corrigiu e revelou que o casamento infantil era comum no mundo todo, com cerca de quarenta por cento das meninas afetadas na África. Esse fato surpreendeu meu avô. Ele ficou chocado. Ele não fazia ideia de que essa terrível realidade existia em tal proporção no próprio continente. Ele admitiu que estava envergonhado por sua ignorância e declarou publicamente que trabalharia para acabar com o casamento infantil com a mesma dedicação e determinação que enfrentara o apartheid.

A campanha que se seguiu foi um enorme sucesso. Até aquele ponto, o casamento infantil era um problema pouco conhecido, mas, por meio do trabalho dos Elders, recebeu atenção mundial e deu início a uma nova parceria global da sociedade civil conhecida como Girls Not Brides. Até o momento, *centenas de milhares* de meninas receberam ajuda para evitar um casamento forçado na infância.

O *ubuntu* nos ensina que não há lugar para orgulho quando se trata de relacionar-se com os outros. Temos que nos apoiar e crescer juntos. Todos erram às vezes. Todos sentem vergonha, constrangimento ou fraqueza devido a um determinado incidente ou situação. E a maneira como lidamos com a realidade faz toda a diferença.

Para viver de forma autêntica, precisamos ser honestos conosco e com os outros. Precisamos enfrentar nossos problemas e ajudar a encontrar soluções com nossos semelhantes. Isso permite que famílias, comunidades e sociedades avancem juntas.

Ajude alguém a enfrentar a realidade. Às vezes, é necessário confrontar um indivíduo sobre suas ações. Existem maneiras gentis de fazer isso. Se você precisar oferecer críticas construtivas em um ambiente profissional, tente o "método sanduíche".

Foque em uma realização positiva antes de passar para as coisas negativas que deseja dizer. Seja direto, mas evite o uso de frases acusatórias, como "foi sua culpa". Informe os fatos, em vez de simplesmente dizer o que você pensa ou sente. Deixe a emoção de lado quando necessário. Encerre com outra coisa positiva sobre o que a pessoa faz bem, depois pergunte se ela tem alguma dúvida. E permita que ela responda.

Escolha a hora e o local da conversa com cuidado. Se estiver enfrentando uma situação complicada — que envolva um companheiro, um filho ou um colega de trabalho —, pense bem onde vão conversar. Uma conversa presencial é sempre melhor, pois, muitas vezes, as nuances podem se perder nas mensagens escritas. Tente controlar seu tom de voz — parecer pouco interessado ou ser muito abrupto pode deixar as pessoas na defensiva. Sempre fale como gostaria que as pessoas falassem com você.

Desenvolva sua humildade. Essa é uma qualidade subestimada, mas que pode beneficiar a todos nós. Ela nos ajuda a ouvir, a respeitar a opinião dos outros e a estar sempre abertos ao aprendizado.

Além disso, a humildade nos liberta de nosso ego, e torna mais provável que ganhemos o respeito dos outros. Muitos dos maiores pacificadores do mundo colocam a honestidade e a humildade acima de outras características.

Da próxima vez que você se encontrar em uma situação em que sinta estar totalmente certo, ávido para criticar ou ache que *você* é mais importante, avalie sua humildade. Procure se lembrar de uma pessoa que você conhece que se porte de maneira humilde. Como ela se comporta? Você poderia incluir alguns dos hábitos dela em sua vida?

Pense também como a sensação de humildade é boa. Quando não estamos cheios de orgulho ou pondo nossas necessidades em primeiro lugar, podemos nos sentir livres.

Aceitação. Muitos mestres espirituais nos dizem para focar no presente e aceitar a realidade, qualquer que seja ela. Isso pode nos dar tranquilidade, pois paramos de lutar contra o que simplesmente "é".

Pense no que o está deixando triste, irritado ou frustrado. Pense no que você pode controlar e no que não pode. Lembre-se de que se preocupar é esperar o que você não quer que aconteça. Foque a aceitação daquilo que você não pode mudar. Não se trata de desistir, mas de parar de resistir e usar sua energia para o crescimento de uma maneira mais positiva.

LIÇÃO 12

ENCONTRE HUMOR EM NOSSA HUMANIDADE

*"O riso faz maravilhas
para o coração."*

Provérbio africano

Todos nós gostamos de rir. O riso faz com que nos sintamos melhor. É bom para a saúde do coração, reduz os hormônios do estresse e aumenta a sensação de bem-estar, além de criar vínculos. Quando fazemos alguém rir, muros são derrubados e conexões são criadas. Essa é a essência do *ubuntu*.

Em nossos momentos mais sombrios, às vezes só o humor pode suavizar o clima. Ele nos permite respirar um pouco; mudar a narrativa e o ritmo de qualquer conversa ou situação, principalmente se houver conflito.

Enquanto era palestrante, minha mãe conheceu Mairead Corrigan Maguire, que recebeu o prêmio Nobel da Paz em 1976 com Betty Williams, por seu trabalho na luta pela paz na Irlanda do Norte. Junto de um grupo, minha mãe e Mairead estavam em um ônibus indo para uma conferência de paz na Colômbia, e ficaram contrariadas ao ver guardas com armas automáticas entre eles.

Sentados ali em um silêncio constrangedor, era difícil para os ativistas da paz não se sentirem perturbados com a presença armada. Até que Mairead disse em um tom divertido: "Só eu que acho meio estranho estarmos indo a uma conferência de paz escoltados por homens com armas automáticas?" Esse pequeno comentário mudou instantaneamente a atmosfera no ônibus, que passou da tensão à alegria.

Minha mãe conta que vê humor em muitos dos nossos grandes líderes. Mairead, por exemplo, não conseguiu mudar a situação em que se encontrava, mas pôde incentivar outros a reconhecê-la e rir dela. Ela também diz que muitas pessoas que têm *ubuntu* têm um "poço de alegria" dentro de si. Elas sempre encontram o lado luminoso da vida, independentemente das circunstâncias. Ver a alegria em todos os momentos é uma prática que todos nós podemos aprender.

O LADO LUMINOSO DA VIDA

Minha mãe tem duas irmãs, Thandi e Mpho, e um irmão, Trevor. Meus avós decidiram que seus filhos teriam uma boa educação, portanto, minha mãe e seus irmãos foram mandados para um internato, porque, na época, o governo sul-africano dava a crianças negras só a educação bantu. Era um sistema de segregação racial, que implicava em uma escolaridade precária e servia aos interesses da supremacia branca.

"O riso de uma criança é a luz da casa."
Provérbio africano

Mas minha mãe e sua irmã mais velha odiavam o colégio interno, e sempre que era hora de se despedir da família — no fim de um feriado —, elas choravam ou se fechavam. Mas meus avós logo as faziam rir de novo. A família Tutu é especialista em rir nas situações difíceis.

Minha avó Leah inventava histórias ridículas sobre os transeuntes enquanto embarcavam em suas longas jornadas para o colégio interno, para que as lágrimas ou o silêncio das meninas rapidamente se transformassem em risadas. Ela sabia que a situação delas não poderia ser mudada, mas queria que se sentissem melhor. Por mais difícil que fosse para Leah se separar dos filhos, era a melhor decisão que ela e meu avô poderiam tomar. Para aliviar o sofrimento, tudo que podiam fazer era rir naquele momento.

Encontrar o humor em uma situação difícil — principalmente em tempos sombrios em que nos sentimos impotentes, como a morte de um ente querido ou o diagnóstico de uma doença terminal — torna-se nossa última defesa. Podemos aliviar a escuridão pelo menos por alguns preciosos segundos com uma piada irônica, um comentário espirituoso ou um pensamento bobo.

Assim como o amor, o senso de humor é algo que podemos estimular. Dizemos "veja o lado engraçado", porque, independentemente do que esteja acontecendo, sempre há um lado engraçado, basta procurar. Especialmente quando não podemos resolver uma situação ou encontrar uma solução para um problema. O humor nos dá a chance de nos sentir melhor, apesar de tudo, e pode ser um breve alívio da dor.

O HUMOR É UMA SAÍDA ONDE NÃO HÁ SAÍDA

Meu avô sempre foi profissional em quebrar o gelo com humor. Ele sempre tinha muitas piadas na manga para diferentes ocasiões.

Quando lhe perguntavam o que havia sido necessário para ganhar o Nobel, ele dizia: "Um nariz grande e pernas sexy!", e morria de rir da própria piada. Minha mãe conta que ele debochava dizendo que o apartheid era ridículo, baseando tudo na cor da pele das pessoas. Ele dizia: "Seria como se eu decidisse julgar as pessoas com base no tamanho do nariz delas. Obviamente, como eu tenho um nariz grande, pessoas de nariz grande seriam as melhores!"

"Ria o máximo possível, ria sempre. Isso é a coisa mais legal que se pode fazer por si e pelos outros seres humanos."

Maya Angelou

Meu avô nunca se absteve de tentar fazer as pessoas rirem, por mais trágica que fosse a situação. Após o genocídio em Ruanda, ele visitou a região para fazer um discurso para um grupo misto de tutsis e hutus. Essas pessoas eram inimigos jurados, e todos os presentes naquela sala haviam perdido muitos entes queridos. Para todos eles, estar juntos pela primeira vez em muito tempo deve ter sido uma experiência desafiadora.

Ele decidiu aliviar a tensão com uma piada com a qual todos pudessem se identificar, e contou uma história sobre pessoas de nariz grande que excluíam um grupo de pessoas com nariz pequeno. Lentamente, a multidão se deu conta de que ele estava falando sobre as distinções faciais entre hutus e tutsis, e a história quebrou a tensão. Quando você debocha de si mesmo ou faz graça à custa de outra pessoa, estoura uma bolha. A tensão é neutralizada e assim permanece.

Durante a luta antiapartheid na África do Sul, meu avô foi ao funeral de muitas pessoas que foram mortas em protestos ou pela polícia. Com frequência, esses eventos se transformavam em manifestações políticas, envoltas em enorme tensão, especialmente porque grandes reuniões de qualquer natureza eram proibidas.

Meu avô repetidamente fazia piadas para as multidões para ajudar a criar um vínculo com o público antes de seu discurso.

"Estou convidando o governo a se juntar ao lado vencedor", era algo que ele costumava dizer. Uma frase cômica, dado que ele estava falando com um povo que vivia sob o peso da repressão; mas, ainda assim, chamava-os de o lado vencedor.

Ele também fazia piadas sobre raça. Certa vez, em um funeral em Joanesburgo, ele contou uma piada que muitos talvez não ousariam contar; ele a repetiu várias vezes desde então, sobre Deus criando os seres humanos. Meu avô explicava como Deus moldava os homens no barro antes de colocá-los no forno, como se estivesse fazendo tijolos. Disse que ele colocou o primeiro lote e se distraiu com outros trabalhos, e esqueceu o que estava fazendo. Quando se lembrou, Deus abriu o forno e, em pânico, descobriu que o barro havia ficado preto. E foi assim que ele fez os negros. Quando colocou o próximo lote, ficou o tempo todo checando a hora, pois estava muito preocupado em não os queimar de novo. Então, ele abriu o forno cedo demais, e o segundo lote saiu mal cozido. Foi assim que ele fez os brancos.

A multidão achava essa história muito divertida, e muitas pessoas admiravam a audácia de meu avô de contar uma piada sobre divisão racial em um evento como aquele. Seu humor deixava as pessoas à vontade e lhes dava uma saída para a tensão crescente e emoção do momento.

A FORÇA UNIFICADORA DO RISO

Dizem que rir é o melhor remédio, e ouvir alguém rir pode ser contagioso. A ciência mostra como o riso também é importante para nossos relacionamentos. Um estudo revelou que o riso é uma evolução humana, porque passa uma "mensagem de segurança para os outros".[1] É possível fingir um sorriso, mas o riso é mais involuntário, portanto, mais autêntico. É menos provável que vejamos como ameaça uma pessoa que está rindo.

Com sua autenticidade, o humor pode ser usado para inspirar e guiar outras pessoas. Durante sua função de presidente dos Elders, meu avô aproveitava o humor durante momentos difíceis enquanto presidia as reuniões. O grupo com quem ele trabalhava não era como nenhum outro. Incluía ex-presidentes e ativistas pelos direitos humanos e pela paz. Essas pessoas estavam entre as mais importantes e respeitadas do mundo. Então, como alguém poderia tentar gerir uma reunião dessas?

Para a maioria das pessoas, teria sido uma experiência intimidadora, mas meu avô sempre usava o humor para expressar sua opinião. Se um ex-presidente chegasse tarde, ele perguntava em voz alta: "Precisamos comprar um relógio para você?" Ou quando alguém interrompia um colega, ele brincava com sua crença em Deus: "Vai querer ir para o lugar mais quente no fim da vida?" Da mesma forma, se alguém merecesse elogios de verdade, ele dizia: "Posso recomendar você para uma vaga no céu."

O humor pode nos fazer rir de nós mesmos e dos outros. É um nivelador. Quando estamos em uma sala e todo mundo ri junto da mesma coisa, vivemos um precioso momento de felicidade em comum, independentemente de quem sejamos.

A África tem uma longa história do uso do humor para atenuar tensões, como podemos ver nos seguintes provérbios:

"O macaco que tenta ver o caçador coleciona balas nos olhos."
Provérbio congolês

"Por mais que as nádegas se apressem, elas sempre ficarão para trás."
Provérbio camaronês

"Aquele que pensa que está liderando e não tem quem o siga está apenas dando um passeio."
Provérbio malauiano

HUMOR PARA SALVAR O DIA

O poeta Dumi Senda, que agora também trabalha como consultor e coach de diversidade global, conta como usou o humor para neutralizar uma situação potencialmente delicada em uma conferência de paz em Sarajevo. Ele havia sido convidado para falar e compartilhar sua poesia. Seus contemporâneos o haviam alertado a estar atento quando andasse sozinho pela cidade, pois poucas minorias étnicas viviam naquela região. Disseram que um rosto negro poderia chamar a atenção.

Após uma conferência bem-sucedida, Dumi abraçou o espírito do *ubuntu* e foi passear pela cidade. Quase instantaneamente percebeu estar chamando a atenção. Ele não conseguia andar poucos metros sem que alguém lhe pedisse uma selfie; muitos moradores declaravam abertamente que nunca haviam visto uma pessoa negra antes. Ele até foi confundido com Jay Z, o que o fez rir.

Em pouco tempo, uma multidão se formou e começou a fazer perguntas: "É verdade que os africanos vivem em árvores?"; "É verdade que os africanos andam nus?". A reação natural de Dumi foi se sentir ofendido. Aquelas pessoas estavam sendo racistas? Eram ignorantes? Mas ele decidiu engolir sua resposta defensiva e aliviar a tensão iminente usando o humor.

"Sim", respondeu ele, rindo. "Os africanos às vezes vivem em árvores, assim como alguns europeus vivem em casas nas árvores." Ele também brincou dizendo que os africanos estão sempre nus… no chuveiro, assim como os europeus.

A multidão rapidamente entendeu que ele estava debochando, e todos começaram a rir. As pessoas reconheceram que haviam sido levadas a ter uma ideia incorreta e estereotipada dos africanos negros, e Dumi aceitou o convite para uma bebida em um bar dali. O que poderia ter sido um momento de repulsa acabou se transformando em uma verdadeira camaradagem.

Podemos chorar; podemos ficar furiosos; podemos afundar na depressão. Mas às vezes, rir diante de uma situação difícil é o melhor antídoto. O riso nos devolve o controle, ainda que brevemente. Ele nos dá uma trégua e, às vezes, alívio. O humor também nos permite mostrar nossa humanidade, porque é uma qualidade atraente que eleva nosso ânimo. É por isso que gravitamos ao redor de pessoas que nos fazem rir.

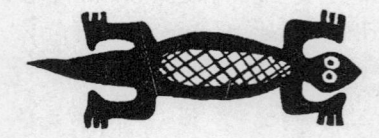

Inverta a situação vendo o lado engraçado dela. Pense em algo realmente embaraçoso que aconteceu com você. A seguir, conte a história de novo a alguém que você conheça — escolha aquele amigo com uma risada contagiosa (todos têm um) —, como se fosse apenas um caso divertido. É aí que o lado engraçado de sua experiência deve se revelar. Use essa reflexão sempre que algo irritante ou fora do comum acontecer, quando tiver que enfrentar algo que o derrube. Pode ser quando algum objeto seu quebra inesperadamente ou quando você se encontra em uma situação fora de seu controle ou que o incomoda demais. Pequenas coisas que nos desafiam muitas vezes podem provocar uma risada. Escolha rir sempre que puder.

Aprenda a rir de si mesmo. A autoaceitação é fundamental para isso. Se você se leva a sério demais, nada parece engraçado, mas se aprender a ver a si e aos outros de uma maneira alegre, o humor provavelmente aparecerá. Todos nós passaremos por muitas experiências semelhantes durante a vida. Identificar nossa humanidade e compartilhá-la com outras pessoas é o objetivo do *ubuntu*. Ter senso de humor também nos ajuda a viver mais — um estudo de sete anos realizado na Noruega revelou que o humor aumenta a probabilidade de atingir a idade de aposentadoria.[2] O riso é, literalmente, um salva-vidas.

Procure o humor. Seja assistindo a mais comédias, indo a um show de stand-up ou saindo com amigos espirituosos, expor-se ao humor ajuda a ver o lado engraçado da vida com mais frequência. Essa exposição é especialmente importante quando não fazemos parte de uma família com muito humor. É possível desenvolver a capacidade de rir de forma mais livre, e devemos tentar fazê-lo sempre que pudermos. Quanto mais tentarmos, mais fácil se tornará — e mais alegria trará para você.

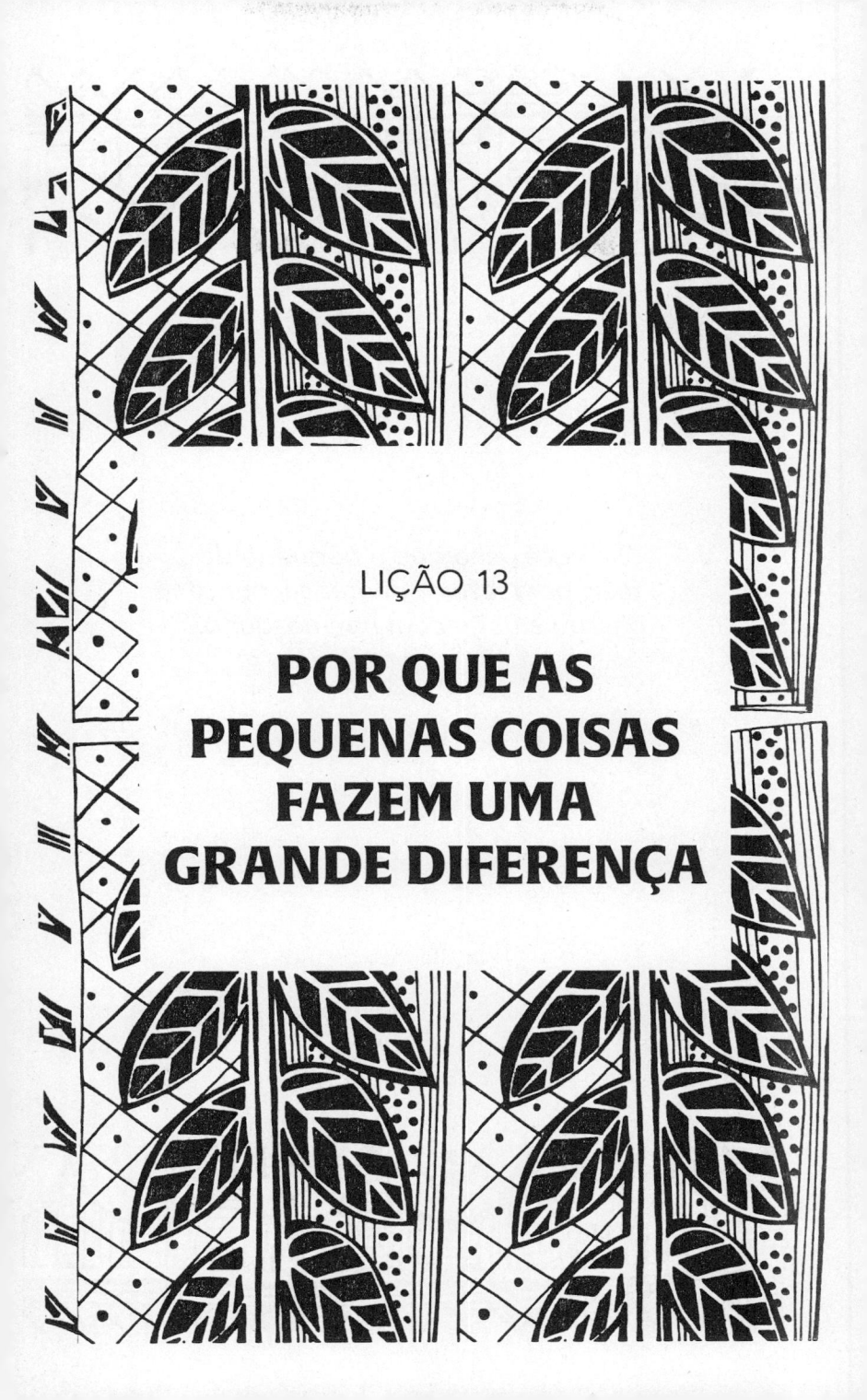

LIÇÃO 13

POR QUE AS PEQUENAS COISAS FAZEM UMA GRANDE DIFERENÇA

"*Se você acha que é pequeno demais para fazer a diferença, nunca passou a noite com um mosquito.*"

Provérbio africano

"Seja a mudança que você quer ver no mundo" é uma citação frequentemente atribuída a Mahatma Gandhi. É um conceito inspirador, mas com que frequência você sentiu que, independentemente do que fizesse, aquilo não faria diferença? Pelo menos, não uma diferença que realmente importasse.

Reciclar um pedaço de papel causará impacto suficiente uma vez que há tanto lixo espalhado pelas ruas? Participar de um evento popular realmente fará diferença se no dia você não estiver disposto? E votar? Outras pessoas votarão, não é? Às vezes, é fácil pensar que nossa opinião não terá qualquer influência sobre uma situação, mas essa perspectiva pode fazer com que nos sintamos inúteis e perdidos. Afinal, se não acreditarmos que nossas ações farão diferença, será difícil ter fé no mundo.

Quando se trata de *ubuntu*, todos nós importamos, e tudo o que fazemos também. Cada pequeno ato pode se transformar em algo maior. Mesmo que um gesto não pareça causar impacto imediato, é a possibilidade de que cause que faz valer a pena. Você nunca saberá o que pode acontecer se não tentar.

TODOS NÓS IMPORTAMOS, INCLUSIVE *VOCÊ*

Quando Madre Teresa abandonou seu convento para trabalhar com as pessoas em situação de maior vulnerabilidade de Calcutá, não tinha ideia do que aconteceria. Ela era só uma pessoa tentando ajudar. Décadas depois, ganhou o prêmio Nobel da Paz. "O que eu faço é só uma gota no oceano", disse ela, "Mas, sem ela, o oceano seria menor."

Não precisamos ser vencedores do Nobel da Paz para sentir que nossas ações fazem diferença. Todo encontro casual, toda interação, todo esforço que fazemos tem potencial para o bem maior e o enriquecimento de nossa vida.

Veja a campanha Um Bilhão de Atos de Paz, criada pela Fundação PeaceJam em parceria com 14 ganhadores do prêmio Nobel da Paz, incluindo meu avô, para incentivar ações destinadas a criar a paz mundial. Os fundadores do PeaceJam, Dawn Engle e Ivan Suvanjieff, que criaram o movimento após anos observando o impacto que os jovens e os ganhadores do Nobel da Paz causavam em suas comunidades, afirmam ter certeza de que os grandes problemas do mundo podem ser enfrentados por pessoas comuns. "Todos importam. Todos podem fazer a diferença", dizem.

Eles escolheram dez áreas para se concentrar, incluindo pobreza, ajuda a mulheres e crianças, meio ambiente e fim do ódio racial. A campanha nos incentiva a começar com algo simples, como fazer almoço para uma pessoa em situação de rua, recolher lixo na rua ou participar de um evento de uma cultura diferente. Essas pequenas decisões de fazer parte de alguma coisa podem levar a algo maior para todos.

Em geral, não perdemos nada tentando. Podemos encontrar inspiração, novos amigos e conexões ao encarar o mundo com a intenção de torná-lo um lugar melhor.

"**Uma montanha é composta por pequenos grãos de terra. O oceano é composto por pequenas gotas de água. Do mesmo modo, a vida é apenas uma série interminável de pequenos detalhes, ações, discursos e pensamentos. E as consequências, boas ou más, mesmo as menores, têm grande alcance.**"

Swami Sivananda

ATOS MINÚSCULOS *PODEM* MUDAR HISTÓRIAS

Quando meu avô era pequeno, morava em uma cidade com população negra e pobre em Sophiatown. Um dia, ele conheceu um padre branco, Trevor Huddleston, que era um campeão para os desvalidos da África do Sul e fazia tudo por qualquer pessoa, independentemente de sua cor. Huddleston passou por meu avô e sua mãe na rua e ergueu o chapéu para minha bisavó em respeito. Esse pequeno ato levou segundos, mas significou tudo para o meu avô. Um homem branco mostrara respeito a sua mãe, uma mulher negra. Isso nunca havia acontecido, e esse pequeno gesto fez meu avô ver os brancos de maneira diferente.

Padre Trevor — como meu avô o chamava — o conhecia, e foi visitá-lo no hospital quando ele estava com tuberculose, ainda criança. Seu jeito gentil e atencioso fazia sucesso com todas as crianças, mas, para meu avô, era a prova de que nem todos os brancos tratavam os negros com desrespeito.

Décadas depois, quando pequena, Ingrid von Stein encontrou meu avô pela primeira vez em uma igreja onde ele estava pregando. Dessa vez *ele* fora um dos primeiros negros que *ela* conhecera. Ingrid havia sido criada com uma visão ruim dos indivíduos negros — e, de fato, dos homens em geral, pois seu pai era abusivo.

Quando meu avô sorriu para ela e lhe perguntou calorosamente como estava, Ingrid ficou atônita. Ele proferiu seu sermão com seu humor habitual, fazendo todos rirem. Mais tarde, eles conversaram, e Ingrid notou que ele a ouvia de um jeito que nenhum outro homem jamais ouvira. Para meu avô, foi apenas mais um dia na igreja, apenas mais uma conversa com um ser humano, mas o calor que ele demonstrou àquela garotinha fez uma diferença profunda. Nenhum dos dois sabia na época, mas, um dia, Ingrid trabalharia com ele.

Esses pequenos momentos aparentemente insignificantes são catalisadores de mudanças. Nem sempre podemos esperar que grandes coisas resultem das pequenas, mas um simples ato nosso pode significar algo importante para outra pessoa. Um sorriso generoso, perguntar "como vai?" com sinceridade. Uma oferta gentil para alguma ação simples. Tudo isso se soma, especialmente para aqueles que menos esperam.

TRABALHO EM EQUIPE COM ESTRANHOS

Em 1999, David Harrison, correspondente da BBC, fez um programa chamado *Panorama* sobre uma mulher chamada Cynthia Mthebe, uma viúva com quatro filhos que vivia na pobreza no município de Tembisa, ao norte de Joanesburgo.

A BBC filmou Cynthia com seus amigos, ganhando a vida com a coleta de latas no aterro sanitário e sobrevivendo em uma pequena cabana em um município violento. Essa mãe dedicada fazia o possível para manter sua casa limpa e sempre levava seus filhos para a escola. No filme, ela falava com sincero entusiasmo sobre querer melhorar de vida.

Quando o programa foi ao ar, a resposta dos espectadores foi impressionante. As pessoas simplesmente adoraram a visão de mundo positiva de Cynthia, apesar de suas evidentes dificuldades. Isso foi antes da era das redes sociais, então ninguém sabia o que os outros estavam pensando ou fazendo. Mas, individualmente, cada um decidiu doar dinheiro para ela.

Choveu dinheiro nos estúdios da BBC, e este foi repassado para Cynthia. As pessoas tiveram tanta boa vontade que o dinheiro doado foi suficiente para construir uma casa nova para ela em uma parte melhor da cidade. Mais tarde, ela deu a casa aos filhos, e um deles realizou o sonho de se tornar DJ.

Essas grandes mudanças na vida de Cynthia e de seus filhos se originaram de pessoas sentadas em casa, em um país distante, comovidas pela situação de um estranho. Não é só dinheiro que podemos doar. Podemos doar nosso tempo ou o que mais tenhamos à mão — às vezes, basta olharmos ao redor para ver quais recursos temos disponíveis, por menores que pareçam ser.

Em uma pequena vila de Ruanda, com a ajuda da Tearfund, uma mãe chamada Claire participou de um treinamento sobre aproveitamento de recursos locais. Depois, ela usou sua iniciativa para montar uma cooperativa de costura e começou de forma muito humilde. Primeiro, elas pediram restos de fios e de tecidos aos alfaiates da região, e cortaram o material em retalhos. Então, Claire e uma amiga, apesar de terem pouca experiência com costura, fizeram coisas boas o bastante para vender.

No início, elas tinham só uma máquina de costura, mas conforme ganhavam dinheiro dos produtos vendidos, puderam ensinar outras mulheres a costurar. Gradualmente, o grupo de alfaiates que lhes fornecia restos de material aumentou. Em um ano, a Cooperativa de Costura de Urukundo já funcionava bem. Desde 2013, com esforço, passaram de uma máquina para nove, incluindo uma elétrica.

A cooperativa teve um grande efeito na vida de Claire. Seu marido, um motorista de caminhão que fazia longas viagens, conseguiu largar o emprego que o afastava da família quando aprendeu a costurar. O que começou com alguns pedaços de tecido doado agora é um próspero meio de vida. De uma coisa pequena surgiu algo transformador.

O MAIOR PRESENTE QUE VOCÊ PODE DAR É SEU TEMPO

O tempo é um presente precioso, porque, quando passa, está perdido para sempre. Passar seu tempo com sabedoria é bom; desperdiçá-lo não faz sentido. Servir aos outros, diz o *ubuntu*, nunca é perda de tempo.

"O tempo é mestre."
Provérbio africano

No Natal de 2018, soubemos que instituições beneficentes como a Shelter, que promove sopões e jantares de Natal para desabrigados, ficavam lotadas de voluntários durante o período das festas. O informe de 2018 da UK Giving, no Reino Unido, revelou que as instituições beneficentes recebem o maior número de doações em dinheiro em novembro e dezembro.[1] Nos Estados Unidos, quase um terço das doações anuais ocorre em dezembro, segundo a NeonCRM, uma empresa de soluções de software sem fins lucrativos que trabalha para instituições de caridade. No entanto, durante o resto do ano, muitas instituições beneficentes têm que lutar para alcançar os mesmos níveis de doações e ajuda.

Ser voluntário ou doar dinheiro não deve ser uma ação limitada a uma vez por ano. Durante o ano todo há lugares como bancos de alimentos ou abrigos para mulheres que precisam urgentemente de nosso apoio. Doar um pouco de comida ou uma sacola de roupas usadas ajuda muito, principalmente se muitas pessoas fizerem o mesmo. Pode parecer que isso é pouco individualmente, mas coletivamente, somos capazes de dar muito.

Com a maior boa vontade do mundo, às vezes não conseguimos doar nosso tempo. Podemos facilmente entrar no ciclo trabalhar/dormir e quase nunca ter tempo para qualquer coisa, inclusive para nós mesmos. Se não for possível doar dinheiro ou tempo, existem outras maneiras de espalhar o *ubuntu* pelo mundo, com coisas simples e que não nos custam nada — sorrir, por exemplo.

Existe um poder genuíno no sorriso. Pesquisadores da Universidade de Uppsala, na Suécia, revelaram em um estudo que ver outras pessoas sorrindo suprime o controle que temos sobre nosso sorriso, fazendo-nos querer sorrir também.[2] A evolução tornou o sorriso contagioso. Sentimo-nos melhor quando sorrimos, pois sorrir aumenta os níveis do hormônio serotonina, e nosso sorriso pode acabar fazendo com que os outros também se sintam melhor.

Um sorriso diz muito: *sou seu amigo, sou acessível, não tema, estou estendendo a mão para você*. É uma manifestação física do *ubuntu*. Mesmo quando não podemos doar nosso dinheiro ou tempo, podemos espalhar um sinal de amizade e amor em um instante: o tempo que leva para sorrir. Seja para um vizinho idoso solitário que passa na rua ou para o rapaz da limpeza no trabalho. O que todos nós queremos é fazer pequenos esforços para mostrar que nos importamos com os outros.

A LINGUAGEM DO *UBUNTU*

Pequenos atos de bondade em nosso dia a dia são outra maneira de espalhar a mensagem do *ubuntu* ao redor do mundo. Existem muitos meios para compartilhar esse dom. Pequenos atos criam sentimentos bons em nossa comunidade, como levar um café para seu colega de trabalho de manhã sem que ele tenha pedido, oferecer seu assento a um idoso ou uma grávida no trem, emprestar um livro do qual você gostou para outra pessoa, limpar sua mesa no café quando acabar de comer. A lista não tem fim.

Ubuntu é colocar gentilmente as necessidades dos outros em primeiro lugar. Sem alarde e sem esperar nada em troca, olhamos para os outros antes de olharmos para nós mesmos — ou como a nós mesmos —, e então, nós os tratamos da mesma maneira. Dando mais do que recebemos ou colocando a pessoa à frente de nós.

Esses pequenos atos não são completamente altruístas — nós também ganhamos com eles. Quem não gosta de receber um "obrigado" sincero ou ver alguém ficar surpreso e encantado com a pequena coisa que você fez? A outra pessoa se sente cuidada e nós nos iluminamos por dentro. E carregamos essa luz para o mundo.

Vivemos em uma época de autoabsorção, autodesenvolvimento e auto-obsessão. Vivemos na era das selfies! Infelizmente, estudos mostram que pensar no "eu" o tempo todo é, na verdade, um sinal de angústia. Pesquisadores na Alemanha, liderados por Johannes Zimmermann, descobriram que aqueles que responderam às perguntas do estudo usando pronomes singulares na primeira pessoa mostraram mais sinais de problemas de saúde mental, como ansiedade ou transtornos alimentares, do que aqueles que não os usavam com tanta regularidade.[3]

Se enxergarmos o mundo só com os próprios olhos e colocarmos o "eu" em primeiro lugar, teremos uma sensação ilusória de paz e contentamento. Tente concentrar-se em outras pessoas, e não em si mesmo, nas conversas e nos pensamentos. Isso diminui a ansiedade e nos torna mais conscientes e amorosos. Nós nos sentiremos melhor por implementar o *ubuntu* em nossas interações diárias. A linguagem pode parecer algo pequeno, mas a maneira como a usamos faz uma grande diferença.

Defender pessoas que não conseguem se expressar com facilidade (como os jovens ou os perseguidos), focar a conversa em nosso interlocutor e fazer perguntas de maneira autêntica são maneiras de mostrar *ubuntu* em nossas interações.

Hoje em dia, é fácil nos perder na interpretação das mensagens de texto ou e-mail. "Diga isso", "esqueça isso", "escreva isso" — sempre podemos nos explicar muito melhor pessoalmente. Pode ser bom pensar que somos responsáveis apenas pelo que dizemos — e não pela maneira como as pessoas o interpretam —, mas essa não é a realidade da interação humana. É difícil esquecer uma mensagem ou um e-mail mal interpretado.

Sim, pode ser mais rápido ou mais fácil mandar uma mensagem, mas a importância de reservar um tempo para interagir presencialmente não deve ser subestimada. Quando estamos com alguém pessoalmente, existe todo tipo de sinais não verbais, como a linguagem corporal e a emoção que captamos. É mais provável que se formem laços mais fortes, seja no trabalho ou no lazer. Um almoço rápido, um café ou um drinque depois do trabalho podem parecer insignificantes, mas ajudam a construir conexões e amizades que talvez, de outra forma, não desfrutaríamos.

BUSCAR PEQUENAS COISAS É UMA GRANDE COISA

Muitas vezes, são as pequenas coisas da vida que nos dão maior prazer. Um abraço de um ente querido quando precisamos, um bom bate-papo com um amigo que nos faz perder a noção do tempo, uma deliciosa refeição caseira quando estamos com fome ou até mesmo um copo de água gelada quando estamos com sede.

Buscar conscientemente a alegria nesses momentos torna mais fácil percebê-los e apreciá-los quando surgem. Quando Nelson Mandela saiu da prisão, sentiu-se muito grato pelas coisas simples. "Depois que vivemos na prisão", dizia, "valorizamos as pequenas coisas; poder passear sempre que quisermos, entrar em uma banca e comprar um jornal, falar ou escolher ficar calado. O simples ato de controlar a si mesmo."

Essa gratidão básica nos ajuda muito a encontrar satisfação. Agradecer por nossa saúde, nossos entes queridos, por ter "o suficiente" — seja um teto sobre a cabeça, comida suficiente, liberdade ou amigos... ser grato pelas pequenas coisas é vital, pois quando reconhecemos o quanto temos, podemos ver que essas coisas se somam e formam algo grande: uma vida boa.

O *ubuntu* diz que a gratidão por outras pessoas e o que elas fazem por nós é o que nos torna humanos. Seja por nosso companheiro, nossos filhos, nossos colegas de classe ou de trabalho, o motorista do ônibus que nos leva para casa ou o chef que prepara nossa comida para viagem. Existe uma rede de pessoas ocupadas nos ajudando, fazendo pequenas coisas por nós, muitas vezes sem que reconheçamos suas ações. Isso resulta em um grande senso de *ubuntu* em nossa vida.

Podemos escolher ser uma pessoa que auxilia, ajuda, assiste e faz a diferença. Ou podemos escolher nos esconder e pegar para nós tudo o que conseguirmos. Uma escolha nos levará a uma vida de contentamento; a outra nos deixará vazios e com a sensação de que nunca temos o "suficiente". Se fizermos um esforço consciente para que o *ubuntu* faça parte de nossa experiência humana, encontraremos o que estamos procurando e espalharemos mais alegria em nosso mundo.

Cada gota faz a diferença; portanto, decida hoje onde sua gota cairá.

Estar presente é importante. Muitas vezes, no final de um longo dia, não temos vontade de sair, de fazer a boa ação que prometemos ou a ligação que dissemos que faríamos. No entanto, se tentarmos, muitas vezes vamos colher as recompensas de nossas ações. Não importa quão cansado você esteja, faça sempre um esforço para realizar aquilo a que se comprometeu. Caso contrário, você ficará decepcionado consigo mesmo. Não precisamos estabelecer todos os dias tarefas que mudarão o mundo ou resultarão em grandes conquistas. Pequenos obstáculos e pequenos desafios contribuem para algo significativo e, em geral, dão mais prazer.

Tudo o que oferecemos recebemos. Se você acha que está faltando algo em sua vida, dê essa coisa para outra pessoa. Por exemplo, se quiser mais amigos, seja um amigo melhor para as pessoas que você conhece. Se acha que as pessoas não lhe ouvem, tente ouvir os outros. Se quiser mais amor em sua vida, dê amor aos outros. Um ato de bondade inevitavelmente voltará para você, em geral da maneira que menos espera.

Pense nas pequenas coisas que fazem a diferença. Nosso impacto no meio ambiente é um bom exemplo. Não podemos ser todos ativistas ambientais, dedicar nossa vida à causa, realizar campanhas e participar de manifestações, mas todos podemos escolher reciclar e parar de desperdiçar água, reduzir o consumo de carne e evitar viagens de avião desnecessárias. Se *todos nós* fizermos essas pequenas coisas, grandes mudanças acontecerão.

LIÇÃO 14

APRENDA A ESCUTAR PARA PODER OUVIR

"*Muito silêncio faz um barulho poderoso.*"

Provérbio africano

"*Orelhas que não escutam acompanham a cabeça quando esta é cortada.*"

Provérbio africano

É fácil pensar que ouvir é uma coisa simples de se fazer. Todos os dias, a maioria de nós conversa com alguém, mesmo que seja só aquela pergunta educada: "Tudo bem?" Mas com que frequência fazemos um esforço consciente para realmente ouvir a resposta?

Há uma grande diferença entre escutar passivamente e ativamente. Podemos dizer "eu não ouvi", quando o que realmente queremos dizer é "eu não entendi ou não me identifiquei com o que foi dito". Imagine que alguém conta uma história para você e seu amigo e, posteriormente, vocês conversam sobre ela. Vocês dois podem se lembrar da história de maneiras completamente diferentes. Você pode não ter ouvido o que seu amigo ouviu, porque nós vemos o mundo como somos, e frequentemente o ouvimos como somos também.

Quando sentimos uma conexão ou empatia, dizemos "eu entendo!", porque ouvimos e compreendemos. Isso faz bem tanto para quem ouve como para quem fala. Vemos a própria humanidade no outro, sentimo-nos menos sozinhos e nossa experiência humana se torna mais rica.

A escuta passiva é a maneira como a maioria de nós ouve o outro na maior parte do tempo e, no geral, acontece quando estamos distraídos. Se a pessoa que fala conosco demora a falar ou hesita muito, ficamos impacientes. Nos concentramos nessa emoção mais do que no que a pessoa está dizendo. Às vezes a interrompemos, ou ficamos ensaiando na cabeça o que vamos dizer depois. Quando o outro termina de falar, frequentemente ouvimos só o que queríamos ouvir.

Quando ouvimos ativamente, damos toda a nossa atenção à pessoa com quem estamos falando. Ficamos atentos para manter um bom contato visual, esperamos o outro terminar, bloqueamos as distrações ao nosso redor e não temos uma resposta pronta no segundo em que a pessoa acaba de falar. Quando ouvimos corretamente, percebemos a linguagem corporal e o que os sinais não verbais podem estar tentando nos dizer. Se alguém cruza os braços enquanto fala conosco, pode estar na defensiva. Se não consegue nos olhar nos olhos, pode estar se sentindo pouco à vontade. Quando não entendemos algo, devemos pedir explicações.

Os jovens estagiários que trabalham com a comunidade local no Desmond Tutu HIV Foundation Youth Centre, na África do Sul, exercitam suas habilidades de escuta ativa ao lidar com as crianças da escola. Um dos estagiários, Lazola, explica a importância dessa habilidade para ajudar aqueles que cresceram em situação de pobreza e que talvez não tenham oportunidade de se expressar na escola ou em casa.

"Nós nos sentamos e ouvimos as crianças sem interrompê-las, sem dar sermões nem lhes dizer o que fazer", diz ele. "[No centro], elas têm espaço para expressar exatamente o que pensam, e só oferecemos ajuda quando terminam, caso elas peçam. A importância de ser ouvido nunca deve ser subestimada."

Para que as pessoas sejam ouvidas, precisamos, primeiro, saber escutar. A escuta ativa, ou "profunda", envolve empatia, e isso pode provocar uma sensação de alívio no interlocutor. Todos sabem a diferença entre ser ouvido de verdade ou não. Não poderemos progredir se nos recusarmos a ouvir as pessoas com quem não necessariamente concordamos. O *ubuntu* nos convida a ouvir os outros como gostaríamos de ser ouvidos.

ESCUTA EM AÇÃO

A Mesa Redonda *Ubuntu* da Tutu Foundation é baseada nas habilidades de escuta profunda. Durante uma de nossas sessões em Londres, uma adolescente chegou à mesa contrariada. Seu irmão mais novo havia sido levado pelo serviço social, e ela, que tinha apenas 14 anos, não fora informada do motivo. Tudo o que a menina sentia era a dor da ausência do irmão. Ela queria respostas das autoridades.

**"Aprendi a ter paciência para ouvir
quando as pessoas apresentam suas opiniões,
mesmo que eu as considere erradas.
Não dá para tomar uma decisão em uma
disputa sem ouvir os dois lados."**

Nelson Mandela

Antes que a polícia e o serviço social conversassem com ela na Mesa Redonda, eles simplesmente se sentaram e escutaram, sem interrompê-la. A garota expressou sua tristeza e confusão acerca da situação. Quando terminou, todos estavam profundamente comovidos.

O policial envolvido no caso só falou após a garota terminar. Ele explicou gentilmente as circunstâncias que levaram à decisão de levar seu irmão. A questão era protegê-lo, e a decisão havia sido tomada como último recurso.

Na época, aquilo acontecera pelo bem do irmão da garota, mas ela poderia marcar visitas. A maneira como a polícia e o serviço social conversaram com a jovem transtornada, respondendo às suas perguntas com paciência, a fez sentir mais conectada. Quando acabaram, ela entendeu perfeitamente a situação e percebeu que eles estavam do seu lado. Ela ainda não concordava com o que fizeram, mas entendia por que haviam tomado aquela decisão. Ao final da sessão, a polícia e o serviço social tinham mais consciência dos efeitos indiretos de seu trabalho, e a garota se sentiu ouvida pela primeira vez.

A Tutu Foundation também ajudou pessoas que trabalham no NHS (Serviço Nacional de Saúde do Reino Unido, da sigla no original) a superar situações difíceis no trabalho. Assistência médica é um assunto sensível para muitas pessoas, já que ficamos mais vulneráveis quando precisamos de tratamento médico; e com a pressão sobre os serviços de saúde em situações de vida ou morte, pode ser um ambiente difícil de trabalhar.

Um dos estudos de caso com famílias desoladas ajudou a treinar facilitadores da Tutu Foundation para melhorar suas habilidades de escuta. Um casal em particular tinha um filho que sofrera um grave ataque de asma e fora levado ao pronto-socorro. No entanto, durante o atendimento, uma enfermeira se distraiu com outra emergência, e por causa de um defeito no equipamento, a criança não recebeu o oxigênio necessário. Tragicamente, essa falta de oxigênio resultou em danos cerebrais.

Absolutamente devastados e revoltados, os pais entraram com uma ação contra o NHS. A principal motivação dos pais era que outros nunca tivessem que passar pela dor que eles estavam enfrentando.

Conforme as conversas prosseguiam, ficou explícito que qualquer pagamento concedido à família impediria a planejada substituição de equipamentos obsoletos na enfermaria infantil do hospital. Então, os pais perceberam que vencer o processo afetaria negativamente o objetivo principal, que era impedir que outra criança sofresse o mesmo destino que seu filho.

O NHS Trust ouviu e deu atenção às preocupações dos pais, e vice-versa. Deixando de lado as cruas emoções, os corajosos pais chegaram à conclusão de que queriam que o dinheiro fosse usado na ala infantil. Por sua vez, o NHS Trust permitiu que os pais visitassem o hospital e vissem as melhorias conforme fossem sendo implementadas. O resultado para ambas as partes foi o melhor que poderia ser em circunstâncias tão trágicas, e a história mostra como é importante ouvir os dois lados em uma discussão.

Frequentemente, em situações como essa, a emoção se antepõe à lógica. O falecido Paul Randolph, mediador e consultor especialista da Tutu Foundation, referia-se a isso como o "sequestro da amígdala", onde nossa resposta de luta ou fuga é ativada. Os pais tinham todo o direito de se sentir decepcionados e furiosos, mas cada lado passou a analisar o ponto de vista do outro para alcançar aquele resultado, e isso só poderia acontecer com a escuta ativa.

O QUE VOCÊ OUVIRÁ SE PRESTAR ATENÇÃO?

Ao ouvir sem julgamentos, podemos progredir no sentido de viver melhor, mesmo se estivermos profundamente magoados ou aborrecidos. Quando o grupo Elders foi formado, a organização disse que ouvir deveria ser a prioridade número um. Desde que começaram seu trabalho, eles já viajaram ao redor do mundo ouvindo as histórias das pessoas e os problemas que as preocupam. Em cada situação, eles insistem em ouvir primeiro os pontos de vista das pessoas comuns, antes de ouvir os líderes e dignitários. Afinal, se eles não souberem o que as pessoas comuns estão pensando, como poderão defender a mudança que elas realmente querem ver?

Pode ser desafiador quando ouvimos ativamente o que outra pessoa está dizendo, mas não concordamos com ela. O monge budista e ativista pela paz Thich Nhat Hanh afirma que nada de bom resultará se reagirmos com raiva. Entretanto, se ouvirmos e encontrarmos nossa empatia, poderemos agir com uma energia melhor. Ele afirma que se fizermos perguntas suficientes e praticarmos a "escuta profunda", poderemos evitar conflitos — e até guerras.

Ele aconselha, ainda, que digamos aos outros: "Conte-nos sobre seu sofrimento, suas dificuldades, quero muito saber e entender."

A TRC demonstrou sua capacidade de escutar profundamente quando recebeu o testemunho de indivíduos envolvidos em crimes durante o apartheid, e houve muitos casos famosos. Para minha mãe, um dos testemunhos mais poderosos que ela ouviu não foi de ninguém que compareceu perante a Comissão, mas de alguém que escreveu uma carta depois de ouvir as primeiras sessões. Era um jovem branco, e sua carta foi lida em uma audiência na Cidade do Cabo.

"Na carta dele", contou, "ele disse que não sabia de todas as atrocidades que aconteceram durante o apartheid. Ele não sabia sobre as mortes sob custódia policial, as remoções forçadas de comunidades inteiras e o horror que era a educação bantu, e assim por diante. Então ele se desculpou porque percebeu que havia escolhido não saber. Ele falou sobre a escolha de não escutar e agradeceu à TRC por fazê-lo ouvir."

Pense em todas as ocasiões em que você escolheu não ouvir. Todos nós fazemos isso. Às vezes, nós nos afastamos de alguém que está tentando nos dizer algo, porque é inconveniente ou porque achamos que não temos tempo. Pode ser algo aparentemente pequeno — como estar muito ocupado para prestar atenção ao que nosso filho está dizendo — ou enorme — como ignorar as notícias sobre os efeitos devastadores do aquecimento global.

Ubuntu é fazer um pacto para ouvir mais, mesmo quando acharmos que uma coisa não nos afeta aqui e agora. Pense no impacto que isso tem sobre os outros e no efeito imenso no mundo em que vivemos. É satisfatório reservar um tempo para ouvir, pois adquiriremos conhecimento e empatia e nos sentiremos mais conectados à pessoa que está falando.

ESPALHE O ALÍVIO DE SER OUVIDO

O alívio que alguém sente quando é ouvido é imenso, mas a dor de não ser ouvido está por todos os lados. Problemas de saúde mental, suicídio e automutilação — tudo isso é resultado de pessoas que carregam o fardo da dor sem expressá-la, em geral porque não se sentem seguras para falar ou porque parece que ninguém as ouve.

A entidade Samaritans baseia seu trabalho de caridade no poder da escuta. Eles têm um serviço telefônico que funciona 24 horas por dia durante todo o ano, para pessoas que precisam conversar. A instituição foi criada em 1953 por um vigário inglês que incentivou sua comunidade a se voluntariar para ouvir pessoas com pensamentos suicidas. Isso foi depois de ele perder uma menina de 14 anos em sua congregação por suicídio. Ela receava estar com uma IST, sendo que, na verdade, havia acabado de começar a menstruar. Hoje, os Samaritans fazem uma campanha chamada SHUSH, que significa:

*S*how you care (Mostre que você se importa)
*H*ave patience (Tenha paciência)
*U*se open questions (Use perguntas abertas)
*S*ay it back (Responda)
*H*ave courage to help people understand the art of listening (Tenha coragem de ajudar as pessoas a entender a arte de ouvir)

A capacidade de ouvir está no coração do *ubuntu*. Trata-se de dedicar tempo e atenção aos outros, permitindo que eles se sintam ouvidos e saibam que são importantes. Ouvir com humildade e coração aberto é tudo o que precisamos para viver melhor e juntos.

Pense em um momento em que você não se sentiu ouvido. Já aconteceu com todos nós. Seja na escola, no trabalho ou em uma situação familiar, houve ocasiões em que desejávamos desesperadamente que nosso ponto de vista fosse reconhecido, mas sequer foi ouvido. Tente se lembrar de como foi essa sensação da próxima vez que estiver ocupado demais para ouvir alguém que também precise se sentir ouvido.

Dedique um tempo para se certificar do que o outro quer dizer. Nossa visão de vida é obscurecida pelas próprias experiências, e isso pode levar ao preconceito. Se alguém se abrir com você e você imediatamente pensar: "Ah, sim, eu sei exatamente como é!", dedique alguns minutos para checar se realmente sabe. Você pode tentar resumir o que a pessoa disse e repetir para ela, ou perguntar diretamente: "Deixe eu ver se entendi, você está me dizendo que...?" Isso dará a seu interlocutor a oportunidade de ser completamente compreendido, e você não projetará sua experiência nele.

Nem todos são bons ouvintes. Às vezes temos que aceitar isso. É uma realidade difícil, mas ocasionalmente temos que nos afastar de alguém com quem estamos tentando nos comunicar. Pode ser um ex-parceiro amargurado, um amigo cheio de raiva ou um colega de trabalho descontente. Ocasionalmente, não importa quão boas sejam nossas intenções ou quão objetivamente estejamos tentando nos comunicar, temos que aceitar que não é a hora nem o lugar. Mas sempre podemos tentar de novo.

Epílogo

TRAZENDO O *UBUNTU* PARA SUA VIDA: 14 LIÇÕES DA NAÇÃO ARCO-ÍRIS

1. **Veja-se nos outros.** Abra os olhos e encare seus semelhantes. Poderemos nos reconhecer em todas as pessoas ao nosso redor se tentarmos encontrar uma conexão. Sempre existe uma, principalmente onde menos esperamos.

2. **A força está na união.** Todos nós temos desejos e vontades, mas é mais provável que alcancemos nosso destino ou objetivo ao unir forças com aqueles que nos cercam. Existe ajuda lá fora, se você procurar. Existem pessoas no mundo com os mesmos ideais que você. Quando nos isolamos, vamos contra nossa natureza, uma vez que os seres humanos são naturalmente configurados para viver juntos. Veja como outras pessoas podem ajudá-lo, e você definitivamente terá uma surpresa agradável.

3. **Coloque-se no lugar do outro.** Converse com as pessoas de quem discorda. Imagine, por um momento, por que elas pensam daquela maneira. Pense em quais eventos podem ter levado uma pessoa a ter um ponto de vista diferente do seu. São coisas que todos podemos fazer para tentar ver sob a perspectiva de outra pessoa. Colocar-se no lugar do outro pode ser uma experiência desconfortável ou inspiradora — de qualquer forma, todos nós podemos ganhar com isso.

4. **Escolha ver a perspectiva mais ampla.** É uma escolha absoluta decidir explorar a perspectiva mais ampla do que acontece em sua vida ou no mundo ao seu redor. Abra sua mente e explore todos os ângulos. Busque a verdade e a compreensão, em vez de decidir "seu caminho". Uma visão limitada dos eventos nos isola e mantém a mente pequena e estreita. Entenda que quase nada na vida é preto ou branco; na maioria das vezes, existem tons de cinza. Não há necessidade de achar que você tem que ter uma opinião definitiva sobre qualquer assunto. Você pode manter a mente aberta e mudar de ideia à medida que evolui. A ignorância não é uma bênção a longo prazo; faça as perguntas que lhe despertam curiosidade. Aceitar as complexidades nos torna pessoas mais compassivas.

5. **Tenha dignidade e respeito por si e pelos outros.** Ter respeito por si mesmo é um trabalho interno e algo a ser alimentado. Faça pelo menos uma ou duas coisas por dia para se sentir bem. Pode ser praticar exercícios, encontrar com um amigo, meditar ou fazer pelo menos uma boa refeição. Seu corpo e mente são igualmente importantes. Depois, escolha dar aos outros o mesmo respeito. Quando nos recusamos a oferecer dignidade aos outros, também a afastamos de nós.

6. **Acredite no bem que há em todos.** Se procurar o bem em alguém, você *vai* encontrá-lo, além de inspirar e encorajar os outros a se sentirem bem consigo mesmos. Se procurar por defeitos, vai encontrar algo que não lhe agradará. Ao identificar o bem em alguém, aumentamos nossa autoconfiança e vemos cada vez mais o bem. Os seres humanos podem ser complicados, mas, sem dúvida, a maioria é *gente boa*. Ninguém nasceu sabendo odiar; aprendemos com os outros. Olhe ao seu redor hoje e decida identificar o que há de bom nas pessoas, em cada indivíduo que encontrar. Observe

como isso faz você se sentir bem e como a bondade deles se torna mais fácil de identificar conforme você procura mais.

7. **Escolha esperança em vez de otimismo.** Uma natureza esperançosa não é algo estúpido ou ingênuo. É um presente maravilhoso para você e para os outros. O *ubuntu* nos mostra que todos precisamos ter esperança na vida. Por isso, espalhe-a por aí. Escolha esperar pelo resultado positivo em *qualquer* situação. Quando sentir desesperança (e isso acontece com todos nós, às vezes!), reconheça-a e se permita ter um tempo para reencontrar seu foco. Explore o que lhe dá fé no dia a dia. Pode ser uma alimentação saudável, a confiança nos conselhos de bons amigos, na família, em uma crença religiosa ou espiritual... Seja o que for, alimente o que acende a chama da esperança em sua vida.

8. **Procure maneiras de se conectar.** Não importa se você é introvertido ou extrovertido, os seres humanos são projetados para prosperar juntos. Relacionamentos fortes nos darão mais prazer que qualquer quantidade de dinheiro ou coisas materiais jamais poderia. Todos os dias, procure aquilo que ajuda a conectá-lo com outras pessoas, mesmo se estiver fisicamente sozinho, por qualquer motivo. A desconexão gera tristeza. Quanto mais conectado você se sentir com os outros, mais feliz será. Vale a pena o esforço e o tempo para tentar, pelo bem de todos nós.

9. **O poder do perdão.** Existe algo ou alguém contra o qual todos nós guardamos rancor, aberta ou secretamente. Pense no que isso significa para você e como pode deixar para lá. Perdoar é aliviar o fardo sobre nós mesmos e sobre os outros. Quando nações inteiras perdoam, guerras são impedidas. Quando familiares perdoam, vínculos podem ser

restaurados. Quando você perdoa, sente-se aquecido por dentro. Vamos deixar que o poder do perdão se manifeste e soltar um suspiro coletivo de alívio quando sentirmos a dor do passado se derreter. Se você escolher perdoar, sua vida florescerá e um fardo *desaparecerá* — e um sentimento maravilhoso é garantido.

10. **Abrace nossa diversidade.** Como espécie, os seres humanos têm uma coisa em comum: nossas diferenças. São elas que nos impulsionam a avançar, mas também o que ameaçam nos impedir. Olhe ao seu redor e veja quantas culturas, talentos, opiniões e experiências ajudam a moldar nosso mundo. Depois, imagine se tudo fosse uniforme e sem cor. Vamos aproveitar os pontos positivos de nossas diferenças e abandonar o julgamento.

11. **Aceite a realidade (mesmo que machuque).** Se não aceitarmos a verdade de nossa situação, não poderemos chegar onde desejamos estar. Aceitar totalmente o que está acontecendo hoje pode nos ajudar a mudar o amanhã para melhor. Se ignorarmos ou tentarmos esconder a realidade debaixo do tapete, ela nunca desaparecerá. Seja honesto sobre onde você está e onde gostaria de estar. Procure inspiração nos outros para a sua jornada. Conte aos outros a verdade sobre sua realidade e veja como eles podem ajudar.

12. **Encontre humor em nossa humanidade.** Não há melhor maneira de sentir o *ubuntu* em nossa vida do que por meio do poder do riso. Encontrar humor em uma situação é um dom precioso, que devemos incentivar todos os dias. O humor é uma atitude que torna a vida mais divertida, mais convidativa e mais atraente para nós e para os outros. Ser capaz de rir nos piores momentos eleva nosso espírito ime-

diatamente, como nada mais é capaz de fazer. Aprender a rir diante das dificuldades que todos vivemos é uma força secreta de todos os seres humanos.

13. **Por que as pequenas coisas fazem uma grande diferença.** É fácil pensar que as pequenas ações não têm consequências e, de vez em quando, não têm mesmo. Mas, mais frequentemente, elas têm. Conscientize-se de que *você importa*, e a maneira como escolhe viver também. Principalmente quando se trata do meio ambiente e de nossa conduta pessoal, todo pequeno ato se soma. Além disso, quando nos comportamos bem, fazemos uma boa ação ou sabemos que estamos fazendo uma diferença positiva, inspiramos os outros e nos sentimos muito melhor conosco. Desde escolher usar uma garrafa de água reutilizável ou comprar carne de forma sustentável e separar nosso lixo, existem *milhares* de pequenas coisas que podemos fazer para tornar o mundo um lugar melhor para todos, instantaneamente.

14. **Aprenda a escutar para poder ouvir.** Quando se trata de *ubuntu*, uma boa comunicação é a base para fazer as profundas conexões de que todos precisamos. Todas as pessoas que conhecemos gostam de ser ouvidas, portanto, vamos começar a ouvir ativamente hoje. Podemos aprender mais, sentir mais compaixão, ter menos chances de julgar e crescer como seres humanos se aprendermos a realmente ouvir o que está sendo dito. Todas as conversas que temos podem nos dizer mais se optarmos por ouvir profundamente. Abrir a mente, o coração e os ouvidos nos ajuda a ver os outros em nós mesmos.

Todos nós concordamos que os seres humanos são complexos — assim como a vida! Mas o *ubuntu* não pede que ignoremos as complexidades das situações em que nos encontramos, e sim que o apliquemos da melhor maneira possível.

Com o *ubuntu* em nosso mundo, todo dia é um novo dia e um novo começo.

O progresso nem sempre é linear, e fracassaremos em alguns dias, mas todos nós podemos superar a dor de nossas falhas. É a dor de nossos arrependimentos que nos acompanhará, porque significa que não fizemos nosso melhor nem demos tudo que poderíamos. Se praticarmos a autocompaixão, será muito mais fácil incorporar o *ubuntu* em nossa vida.

Escrever *Ubuntu todos os dias* foi uma alegria, e só foi possível graças a tantas pessoas inspiradoras que compartilharam suas histórias comigo. Que o *ubuntu* traga tanto propósito e satisfação para a sua vida quanto trouxe à minha. E que você se veja nas pessoas deste livro e sorria.

Obrigada por se juntar a nós.

NOTAS

LIÇÃO 1: VEJA-SE NOS OUTROS

p. 26: Em 24 de maio de 2006, Mandela deu uma entrevista para a TV ao jornalista sul-africano Tim Modise, na qual explicou sua compreensão do *ubuntu*. Ela pode ser visualizada em: www.youtube.com/watch?v=ODQ4WiDsEBQ

LIÇÃO 2: A FORÇA ESTÁ NA UNIÃO

p. 34: Em 2012, o cientista psicológico Cameron Anderson e seus colegas da Universidade da Califórnia, Berkeley, analisaram vários estudos e concluíram que o status socioeconômico não garante maior sensação de bem-estar: Anderson, C., Kraus, M.W., Galinsky, A. D. e Keltner, D., *The Local-ladder Effect: Social Status and Subjective Well-being*, Psychological Science, 20(10), (2012), 1-8.

O estudo da área da baía de São Francisco, em 2012, que descobriu que as categorias de luxo dos carros eram mais propensas a cometer infrações, foi realizado por Paul K. Piff, pesquisador do Institute of Personality and Social Research da Universidade da Califórnia, Berkeley: Piff, PK et al., "Higher Social Class Predicts Increased Unethical Behavior", *Proceedings of the National Academy of Sciences*, 109, 2012, 4086-91

p. 35: O estudo de 2015 da Universidade Brigham Young, da pesquisadora Julianne Holt-Lunstad, saiu na revista *Perspectives on Psychological Science*. As descobertas revelaram que a solidão aumenta o risco de mortalidade em 26 por cento, e o isolamento social e morar sozinho aumenta, respectivamente, em 29 por cento e 32 por cento: Holt-Lunstad, J., *"Loneliness and Social Isolation as Risk Factors for Mortality: A Meta-analytic Review"*, Perspectives on Psychological Science, 10(2) (2015), 227-37.

LIÇÃO 4: ESCOLHA VER A PERSPECTIVA MAIS AMPLA

p. 66: A Tearfund é uma agência cristã de assistência e desenvolvimento e membro do Comitê de Emergência de Desastres (*Disasters Emergency Committee*). Fundada em 1968, a instituição beneficente trabalha ao redor do mundo há mais de cinquenta anos, auxiliando em desastres e ajudando a tirar as comunidades da pobreza. Para mais informações sobre o trabalho da Tearfund, visite o site (em inglês) www.tearfund.org

p. 66: O Dr. Lasana Harris, professor associado de psicologia experimental da UCL, conduziu pesquisas sobre o "efeito espectador" e como a neurociência pode explicar a maneira pela qual nosso cérebro desumaniza os outros: Harris, L.T. e Fiske, S.T., "*Dehumanizing the Lowest of the Low: Neuroimaging Responses to Extreme Out-group*", in Fiske, S. T., *Social Cognition: Selected Works of Susan T. Fiske* (Routledge, 2018).

p. 68: Por mais de trinta anos, a psicóloga Carol Dweck, de Stanford, ficou fascinada com as habilidades de aprendizado de diferentes alunos e como alguns deles parecem ficar arrasados com pequenos contratempos, enquanto outros se recuperam. Ela e sua equipe estudaram o comportamento de milhares de estudantes para formar a revolucionária tese do "mindset": Dweck, C. S., *Mindset* (Rio de Janeiro, objetiva, 2017).

LIÇÃO 5: TENHA DIGNIDADE E RESPEITO POR SI E PELOS OUTROS

p. 77: A Organização Mundial da Saúde acredita que a desnutrição é uma das ameaças mais significativas à vida humana. A nutrição inadequada, mas também a crescente questão da obesidade, formam um fardo duplo que as populações enfrentam atualmente, principalmente nos países em desenvolvimento: www.who.int/nutrition/challenges/en/

p. 78: No estudo conjunto sobre individualismo, os autores foram capazes de examinar dados de 51 anos, detalhando práticas e valores individualistas em 78 países. Os dados foram extraídos de censos nacionais e, no geral, os resultados mostraram um padrão explícito. Tanto as práticas quanto os valores individualistas aumentaram no mundo inteiro ao longo do tempo: Santos, H. C., Varnum, M. E. W., e Grossmann, I., *"Global Increases in Individualism"*, *Psychological Science*, 28(9) 2017, 1228-39.

p. 83: Em junho de 2015, foram reconhecidos os esforços da CAFOD no controle da propagação do Ebola em Serra Leoa. Como parte do World Vision-led Smart Consortium — uma aliança de organizações religiosas que trabalham na resposta ao vírus —, a agência recebeu o prestigiado Prêmio Internacional Humanitário BOND. Por meio do treinamento e dos equipamentos recebidos, os agentes funerários puderam realizar enterros seguros e dignos para as vítimas do Ebola em todo o país: www.cafod.org.uk/News/Press-centre/Press-releases/Ebola-burial-teams-honoured

p. 84: As palavras eloquentes de meu avô sobre o tema da morte assistida saíram no *Guardian* (12 de julho de 2014): www.theguardian.com/commentisfree/2014/jul/12/desmond-tutu-in-favour-of-assisted-dying

LIÇÃO 6: ACREDITE NO BEM QUE HÁ EM TODOS

p. 97: Mais detalhes da emocionante história de Anupurba Saha e sua prótese de última geração podem ser encontrados em: www.bbc.com/news/av/uk-39797685/seven-year-old-returns-to-school-with-prosthetic-aid

p. 101: A história de Christo Brand foi relatada no artigo de Andrew Meldrum no *Observer* (20 de maio de 2007): www.theguardian.com/world/2007/may/20/nelsonmandela

p. 102: Para obter mais informações sobre o Sistema Ativador Reticular (SAR), visite: www.psychologydiscussion.net/brain/functions-of-reticular-activating-system-ras-brain-neurology/2893

LIÇÃO 7: ESCOLHA ESPERANÇA EM VEZ DE OTIMISMO

p. 112: A instituição beneficente criada pelos irmãos Magnus e Fergus MacFarlane-Barrow, Mary's Meals, é formalmente conhecida como Scottish International Relief e estabelece programas de alimentação em algumas das comunidades mais pobres do mundo: www.marysmeals.org.uk. A Scotland Malawi Partnership (SMP) é uma organização abrangente com a qual a Mary's Meals trabalha. Ela existe para coordenar, apoiar e representar as muitas conexões cívicas da Escócia com a nação africana. Isso representa uma comunidade de 109 mil pessoas na Escócia com vínculos ativos na região, e uma história compartilhada que remonta cerca de 160 anos às viagens do Dr. David Livingstone. Estima-se que 44 por cento dos escoceses têm um amigo ou membro da família que tenha relação com Malawi, fazendo dessa uma das conexões norte-sul, pessoa-a-pessoa, mais fortes do mundo.

p. 113: A Dra. Valerie Maholmes trabalhou no Yale Child Study Center de 1992 a 2005 e é chefe do Setor de Trauma e Doenças Críticas em Pediatria do National Institute of Child Health and Human Development Eunice Kennedy Shriver (NICHD). Ela escreveu o livro *Fostering Resilience and Well-being in Children and Families in Poverty: Why Hope Still Matters* (OUP, 2014), onde discute pesquisas sobre esperança e maneiras de promover o otimismo: www.apa.org/monitor/2014/11/hope

p. 114: Quando a condenação de Anthony Ray Hinton foi anulada, em 2015, ele escreveu sua história pessoal, publicada como *O sol ainda brilha: A história real do homem que passou 30 anos* *no corredor da morte por crimes que não cometeu* (publicação original: St Martin's Press, 2018).

p. 115: O advogado Bryan Stevenson fala sobre a importância da esperança contra grandes probabilidades em seu relato das vidas que defendeu, *Compaixão: uma história de justiça e redenção* (publicação original: Scribe UK, 2015).

LIÇÃO 8: PROCURE MANEIRAS DE SE CONECTAR

p. 125: Em 2013, pesquisadores da Universidade de Gothemburg, na Suécia, revelaram que os cantores de um coro sincronizam seus batimentos cardíacos. Suas descobertas mostraram que quando os cantores cantavam em uníssono, suas pulsações começavam a acelerar e desacelerar na mesma velocidade: Vickhoff, B. *et al.*, *Music Structure Determines Heart Rate Variability of Singers, Frontiers in Psychology*, 4, 2013, 334; www.bbc.co.uk/news/science-environment-23230411

p. 125: Em 2000, pesquisadores da Universidade da Califórnia, Irvine, coletaram amostras de saliva de cantores de coral para medir as respostas imunes, e seus resultados revelaram uma redução do hormônio do estresse cortisol e aumento da imunoglobulina A: Beck, R. J. *et al.*, "Choral Singing, Performance Perception, and Immune System Changes in Salivary Immunoglobulin A and Cortisol", *Music Perception: An Interdisciplinary Journal*, 18(1), 2000, 87-106.

p. 125: A Terapia de Entonação Melódica (MIT, na sigla em inglês) foi objeto de um estudo com 12 pacientes da faculdade de medicina de Harvard cuja fala havia sido prejudicada por AVCs. Os pacientes aprenderam a cantar letras simples, que gradualmente se transformaram em fala normal à medida que suas habilidades verbais melhoravam. Os resultados sugerem que o cérebro pôde ser "religado", uma vez que os pacientes com danos no lado esquerdo cerebral (responsáveis pela fala) aprenderam a usar o lado direito (associado ao canto): Norton, A. *et al.*, "Melodic Intonation Therapy: Shared Insights on How It Is Done and Why It Might Help", *Annals of the New York Academy of Sciences*, 1169, 2009, 431-36.

Para mais detalhes sobre musicoterapia para pacientes com AVC, consulte: www.saga.co.uk/magazine/health-wellbeing/treatments/complementary-therapies/health-music-therapy

p. 125: Um estudo de 2012 do Departamento de Psicologia Experimental da Universidade de Oxford mostrou que "cantar, dançar e tocar bateria desencadeiam a liberação de endorfina (indexada por um aumento na tolerância à dor pós-atividade) em contextos em que ouvir música em volume baixo, com atividade musical de baixo consumo energético não provocam a mesma resposta. Dunbar, R. I., Kaskatis, K., MacDonald, I. e Barra, V., "Performance of Music Elevates Pain Threshold and Positive Affect: Implications for the Evolutionary Function of Music", *Evolutionary Psychology*, 10(4), 2012, 688-702.

p. 126: Vários estudos mostraram que a identificação de grupo (um sentimento de pertencer a um grupo social próprio, associado a um senso de comunhão com os membros desse grupo) está ligada a altos níveis de satisfação com a vida: Wakefield, J. R. H., Sani, F., Madhok, V. *et al.*, "The Relationship Between Group Identification and Satisfaction with Life in a Cross-cultural Community Sample", *Happiness Studies*, 18, 2017, 785.

p. 126: O professor de psicologia esportiva Daniel Wann, da Universidade Estadual Murray, em Kentucky, é o autor do livro *Sport Fans: The Psychology and Social Impact of Spectators* (Routledge, 2001). Seu programa de pesquisa teve como foco a psicologia dos fãs de esporte, o papel do esporte na vida dos fãs, e incluiu vários estudos, como "Testing the Team Identification Social-Psychological Health Model: Mediational Relationships Among Team Identification, Sport Fandom, Sense of Belonging, and Meaning in Life", *Group Dynamics: Theory, Research, and Practice*, 21(2), 2017, 94-107.

p. 126: O Dr. Alan Pringle é especialista em enfermagem em saúde mental da Universidade de Nottingham e é citado por dizer que "o futebol dá às famílias uma 'moeda comum' que conecta seus membros, diferentemente de outros assuntos". As palavras do Dr. Pringle saíram no artigo "How Being a Sports Fan Makes You Happier and Healthier" (*Huffington Post*, 30 de janeiro de 2015).

p. 130: Um conhecido estudo de 1984 do psicólogo ambiental Roger Ulrich foi o primeiro a usar os padrões da pesquisa médica moderna — controles experimentais estritos e resultados de saúde quantificados — para demonstrar que olhar para um jardim às vezes pode acelerar a recuperação de cirurgias, infecções e outras doenças. Ulrich e sua equipe revisaram os registros médicos de pessoas que se recuperavam de uma cirurgia na vesícula biliar em um hospital suburbano da Pensilvânia. Sendo todos os outros elementos do quarto iguais, pacientes com janelas à cabeceira com vista para árvores frondosas se recuperaram, em média, um dia mais rápido, precisaram de menos analgésicos e tiveram menos complicações pós-cirúrgicas que os pacientes que viam uma parede de tijolos: Ulrich, R. S., "View Through a Window May Influence Recovery from Surgery", *Science*, 224(4647), 1984, 420-21.

Quase uma década depois, em 1993, Ulrich e seus colegas do Hospital Universitário de Uppsala, na Suécia, atribuíram aleatoriamente a 160 pacientes de cirurgia cardíaca na unidade de terapia intensiva uma das seis condições seguintes: "vistas da janela" simuladas em uma grande fotografia da natureza (um riacho de margens arborizadas ou uma cena sombria de floresta); duas pinturas abstratas; um painel branco; ou uma parede vazia. Os pacientes confirmaram posteriormente que aqueles que receberam a cena de água e árvores estavam menos ansiosos e precisavam de menos doses de alívio da dor que os que receberam uma foto mais sombria da floresta, a arte abstrata ou nenhuma foto: Ulrich, R.S., Lunden, O. e Etinge, J. L., "Effects of Exposure to Nature and Abstract Pictures on Patients Recovering from Heart Surgery", *Society for Psychophysiological Research*, 33rd Annual Meeting, Rottach-Egern, Germany, 30, 1993, S1-S7.

p. 130: O relatório da Food Growing in Schools Taskforce foi publicado em março de 2012 e liderado pela instituição beneficente Garden Organic, juntamente com 25 membros da força-tarefa, incluindo o supermercado Morrisons, a Comissão Florestal e a A Sociedade Real de Horticultura, e apoiado pela Faculdade de Saúde Pública, no Reino Unido: https://betterhealthforall.org/2012/04/03/why-children-benefit-from-growing-their-own-food/

LIÇÃO 9: O PODER DA PALAVRA COM P: PERDÃO

p. 143: O perdão não é apenas emocionalmente edificante, mas também faz bem para a nossa saúde. Estudos do Luther College, Iowa, e da Universidade da Califórnia, Berkeley, sugerem que "desenvolver um estilo de enfrentamento mais tolerante pode ajudar a minimizar os distúrbios relacionados ao estresse". A autora do estudo, Loren Toussaint, professora associada de psicologia do Luther College, descobriu que ser altamente complacente apagava o vínculo entre estresse e doença: Toussaint, L., Shields, G. S., Dorn, G. e Slavich, G. M., "Effects of Lifetime Stress Exposure on Mental and Physical Health in Young Adulthood: How Stress Degrades and Forgiveness Protects Health", *Journal of Health Psychology*, 21(6), 2016, 1004-14.

p. 144: Estudos demonstraram que se uma vítima de trauma que sofre de TEPT (sendo o perpetrador o culpado) aprender a perdoar o transgressor, poderá ter um efeito positivo em seus sintomas: Cerci, D., e Colucci, E., *"Forgiveness in PTSD After Man-made Traumatic Events: A Systematic Review"*, *Traumatology*, 24(1) (2018), 47-54.

p. 145: Christophe Mbonyingabo é um dos "Indivíduos Inspirados" da agência de ajuda humanitária Tearfund. O programa existe para identificar, equipar e conectar novos líderes que desejam viver como Jesus e ajudar a tornar seus ministérios já notáveis o mais eficientes possível. Os Indivíduos Inspirados estão envolvidos em uma ampla gama de esforços — enfrentando a corrupção, trabalhando para acabar com o tráfico e a prostituição, pacificando povos divididos e oferecendo nova esperança às crianças de rua: www.tearfund.org/en/inspired_individuals

LIÇÃO 10: ABRACE NOSSA DIVERSIDADE

p. 156: O relatório de 2018 publicado pela Royal Society for Public Health em parceria com a Fundação Calouste Gulbenkian revelou a extensão do preconceito de idade em todo o Reino Unido e como prejudica a saúde e o bem-estar de toda a sociedade à medida que envelhecemos: www.rsph.org.uk/about-us/news/a-quarter-of-millennials-believe-depression-normal-in--older-age.html

p. 157: Para mais detalhes sobre a pesquisa que revela que quando vemos outros sendo prejudicados — até mesmo completos estranhos —, a mesma parte do cérebro que se ativa quando nós mesmos somos prejudicados é estimulada, con-

sulte: www.psychologicalscience.org/observer/i-feel-your-pain-
-the-neuroscience-of-empathy

p. 162: Mais informações sobre a instituição de Eleanor Riley, *Made With Hope*, podem ser encontradas em: www.madewi-thhope.org

LIÇÃO 12: ENCONTRE HUMOR EM NOSSA HUMANIDADE

p. 187: O estudo que revela que o riso é uma evolução humana foi conduzido pelo Departamento de Psiquiatria da Escola de Medicina da Universidade de Osaka, Suita, Japão: Takeda, M. *et al.*, "Laughter and Humor as Complementary and Alternative Medicines for Dementia Patients", *BMC Complementary and Alternative Medicine*, 10, 2010, 28; http://mentalfloss.com article/539632/scientific-benefits-having-laugh

p. 193: O senso de humor ajuda a manter as pessoas saudáveis e aumenta suas chances de atingir a idade de aposentadoria. Mas, após os 70 anos, os benefícios à saúde diminuem, segundo descoberta de pesquisadores da Universidade Norueguesa de Ciência e Tecnologia (NTNU, na sigla original).

O estudo de 2010 foi publicado no *International Journal of Psychiatry in Medicine* e composto por um exame de registros de 53.500 indivíduos que foram acompanhados após sete anos. O estudo é baseado em um banco de dados abrangente do segundo Nor-Trøndelag Health Study, chamado HUNT-2, que é composto por históricos de saúde e amostras de sangue coletadas entre 1995 e 1997 de mais de setenta mil residentes de um condado no centro da Noruega: Svebak, S., Romundstad, S. e Holmen, J., "A 7-year Prospective Study of Sense of Humor and Mortality in an Adult County Population: The HUNT-2 Study", *International Journal of Psychiatry in Medicine*, 40(2), 2010, 125-146.

LIÇÃO 13: POR QUE AS PEQUENAS COISAS FAZEM UMA GRANDE DIFERENÇA

p. 203: O UK Giving é o maior estudo sobre comportamento de doação no Reino Unido. O último relatório entrevistou mais de 12 mil pessoas em todo o Reino Unido, o que nos permitiu analisar mais detalhadamente que nunca os padrões das doações: www.cafonline.org/about-us/publications/2018-publications/uk-giving-report-2018; www.neoncrm.com/10-year-end-giving-statistics-every-fundraiser-should-know; https://nonprofitssource.com/online-giving-statistics/#Online

p. 204: Os pesquisadores da Universidade de Uppsala, na Suécia, que investigaram como ver outras pessoas sorrindo suprime o controle que temos sobre nosso sorriso descobriram que "de acordo com a hipótese do feedback facial, os músculos faciais não apenas expressam emoções, mas também têm a capacidade de modular experiências subjetivas de emoções e de iniciar emoções": Dimberg, U., e Söderkvist, S. J., *"The Voluntary Facial Action Technique: A Method to Test the Facial Feedback Hypothesis", Journal of Nonverbal Behavior*, 35, 2011, 17.

p. 205: Mais informações sobre o estudo de 2013, que mostrou uma correlação entre o uso de pronomes singulares da primeira pessoa e problemas de saúde mental, podem ser encontradas em: www.thisisreallyinteresting.com/talking-a-lot-about-yourself-a-sign- of-distress. Zimmermann, J., Wolf, M., Bock, A., Peham, D. e Benecke, C., *The Way We Refer to Ourselves Reflects How We Relate to Others: Associations Between First-person Pronoun Use and Interpersonal Problems, Journal of Research in Personality*, 47(3), 2013, 218-25.

AGRADECIMENTOS

Tenho que começar agradecendo a minha mãe, Naomi, que sempre teve fé em mim, principalmente quando eu não tinha. Até hoje, ainda busco sua orientação, e com este projeto não foi diferente. Tenho certeza de que ela ficará aliviada por se livrar das minhas constantes ligações e mensagens pedindo que revisasse algo para mim. Mas eu não poderia ter feito isto sem ela. Sou uma filha muito sortuda. Obrigada.

Nada disso seria possível sem meu parceiro, Edd, que foi meu líder de torcida junto da minha mãe, e me apoiou, com entusiasmo, não só emocionalmente durante esta jornada, mas também financeiramente. Ele nunca reclamou e nunca duvidou de mim. Obrigada por ser você; você me ensina todos os dias.

A meu avô, obrigada por concordar em escrever um prefácio para a sua neta, que às vezes implica com você.

Um agradecimento especial e infinito a Shannon Kyle por sua ajuda inestimável na redação deste livro. Aguardo ansiosamente seu livro agora.

A Andrea Henry, minha editora na Transworld, que se arriscou e me deu a ideia do livro. Obrigada, porque nenhum de nós estaria aqui sem você. Sou grata por sua natureza visionária e compreensiva. Acho que tirei a sorte grande com minha editora.

A meu agente, Piers Blofeld. Obrigada por pacientemente aturar uma escritora jovem e inexperiente, que tinha *todas* as perguntas a fazer, e por sempre ser direto comigo.

A Lynn Franklin; embora você tenha se afastado do mundo literário, sei que me deu tanta orientação e apoio quanto deu a meu avô quando ele estava escrevendo seus livros. Obrigada por todos os e-mails, mensagens e ligações.

A minha revisora, Rebecca Wright. Não sei como você faz isso, mas obrigada pela magia que você opera.

A Ann-Katrin Ziser, Josh Crosley e Helen Edwards, da Transworld. Obrigada por jogar no meu time. E para o restante da equipe da Transworld — especialmente Hannah Bright da publicidade, Alice Murphy-Pyle do marketing, e Marianne Issa El-Khoury, designer da capa. Muito obrigada pelo trabalho duro de vocês.

Obrigada também a Hampton pelo incrível design do miolo.

A Marsha e Randy, obrigada por sua disposição para revisar tudo e qualquer coisa. E obrigada ao contador de histórias Robert Pierre, que me ajudou desde o início a encontrar maneiras de colocar palavras e pensamentos no papel.

A meus amigos e familiares na África do Sul, Estados Unidos e Reino Unido. Obrigada por serem meus publicitários pessoais. Obrigada a Maggie Conner Finn e a Marianna Weaver por trabalharem dobrado como fotógrafas quando precisei.

E a Clive Conway e Tutu Foundation UK, que fizeram um trabalho tão bom em nome de meu avô e nos permitiram compartilhá-lo no livro, além de Joseph Duncan e a Youth Futures. Obrigada.

Por último, mas certamente não menos importante, a todas as pessoas que concordaram em ser entrevistadas. Sei que ver seu nome e história no papel pode ser diferente do esperado; por isso, obrigada por compartilhar suas histórias.

Peço desculpas àqueles a quem talvez não tenha agradecido pelo nome, e espero que saibam que sou grata pelo trabalho que fizeram para tornar este livro realidade.